속담 속에 숨은 과학 2

사진 자료 제공

p16 http://www.flickr.com/photos/tonybanjo/138189703/ | p14 강원도 양구 군청 제공
p25 http://www.flickr.com/photos/72842524@N00/16809408/in/photostream/
p26 이화여자대학교 자연사 박물관 제공 | p25, 27 ⓒ 정창훈
p86 http://blog.naver.com/n460330.do?Redirect=Log&logNo=70018717534
p113 http://www.flickr.com/photos/harshadsharma/40950852/
p114 http://blog.naver.com/kkkleehoil?Redirect=Log&logNo=120009624176 | p127 연합뉴스
p133 http://cafe.naver.com/stridabusan.cafe?iframe_url=/ArticleRead.nhn%3Farticleid=2499
http://photo.naver.com/view/2007100419465397047
p134, 151 ⓒ 정창훈
p157 http://www.flickr.com/photos/pe_ha45/1392895580/ | p154 http://www.flickr.com/photos/pe_ha45/2232502617/
p161 http://www.flickr.com/photos/floridapfe/2114302589/

속담 속에 숨은 과학 2

2016년 5월 16일 개정판 1쇄 발행

지은이 | 정창훈
그린이 | 최현묵
펴낸이 | 김기옥
펴낸곳 | 봄나무
아동 본부장 | 박재성
편집 | 김인애
편집디자인 | 디자인 몽클
영업 | 김선주
제작 | 김형식
지원 | 고광현
등록 | 제313-2004-50호(2004년 2월 25일)
주소 | 04037 서울시 마포구 양화로 11길 13 (서교동, 강원빌딩 5층)
전화 (02) 325-6694 | 팩스 (02) 333-5980
이메일 | info@hansmedia.com

도서주문 | 한즈미디어(주)
주소 | 04037 서울시 마포구 양화로 11길 13 (서교동, 강원빌딩 5층)
전화 (02) 707-0337 | 팩스 (02) 707-0198
이메일 | info@hansmedia.com

ⓒ 정창훈 2009

ISBN 979-11-5613-097-0 74400
ISBN 979-11-5613-095-6 74400 (세트)

• 이 책 내용의 일부 또는 전부를 재사용하려면 반드시 저작권자와 봄나무 양측의 동의를 얻어야 합니다.
• 이 책에 실린 사진 일부는 저작권자를 찾지 못한 채 쓰였습니다. 뒤에 연락해주시면 합당한 사용료를 드리겠습니다.
• 책값은 뒤표지에 나와 있습니다.

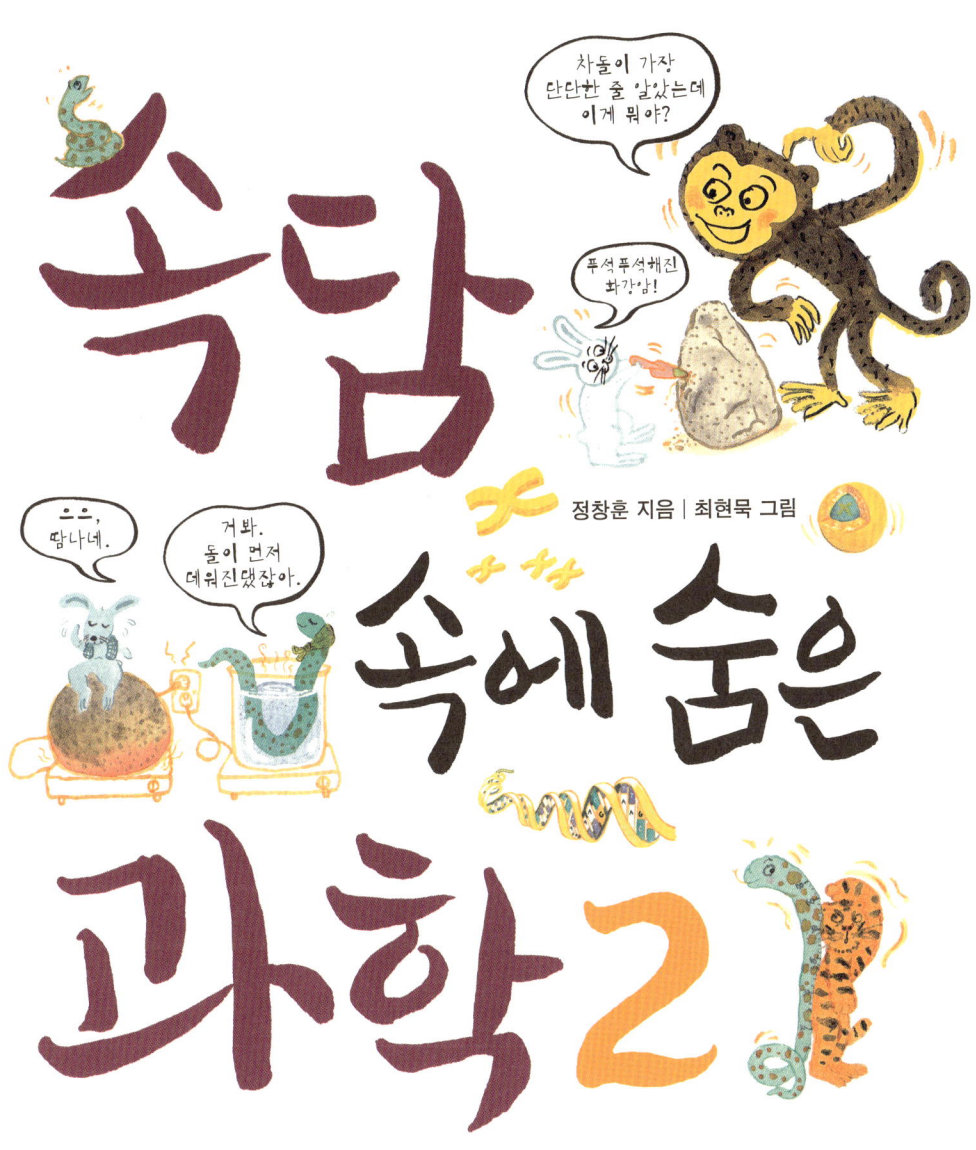

| 개정판에 부치는 글 |

끈질긴 생명력을 가진 속담과 과학

《속담 속에 숨은 과학》첫 권이 나온 지 벌써 10년이 넘었습니다. 흔히 10년이면 강산이 변한다고 합니다. 요즘에는 과학 기술이 아주 빠르게 발전하기 때문에 10년이면 세상이 변합니다.

그동안《속담 속에 숨은 과학》은 많은 독자들의 뜨거운 사랑을 받아왔습니다. 또한 그 열기는 2권과 3권이 출간되며 끈끈히 이어지고 있습니다. 강산이 변하고 세상이 변하는 세월 동안 어째서 독자들은《속담 속에 숨은 과학》을 계속 찾아 주는 걸까요?

그건 속담과 과학이 모두 끈질긴 생명력을 지니고 있기 때문일 겁니다.

속담은 하루아침에 만들어지지 않습니다. 속담은 오랜 세월 우리 조상들의 입에서 입을 거치며 조금씩 완전한 모습을 갖추어 갑니다. 우리 삶에 도움을 주지 못하는 속담은 오래 버티지 못하고 사라지기도 합니다.

지금까지 살아남은 속담에는 우리 조상들이 삶 속에서 깨달은 소중한 지혜가 담겨 있습니다. 수백 년을 사라지지 않고 버텨 온 속담에게 10년은 아주 짧은 세월이 아닐까요?

과학은 어쩌면 속담보다 더 오랫동안 이어져 왔는지도 모릅니다. 과학의 씨앗은 우리 조상들이 불을 피워 고기를 굽고, 돌과 나무로 도구를 만들며, 하늘의 별을 바라볼 때부터 싹트기 시작했거든요.

물론 과학이 틀릴 수도 있습니다. 하지만 이전의 틀린 과학은 새로 등장한 옳은 과학에게 밀려납니다. 지동설이 천동설을 밀어내는 것처럼 말입니다. 따라서 속담 속에 담긴 과학은 어느 정도 옳은 근거를 가지고 있기 마련입니다.

《속담 속에 숨은 과학》이 끈질긴 생명력을 가지게 된 중요한 이유 두 가지를 더 말씀드리려고 합니다. 먼저 독자 여러분의 한결 같은 애정입니다. 그 애정이 식지 않는 한 《속담 속에 숨은 과학》은

또다시 10년 동안 새로운 독자를 찾아 나설 겁니다.

봄나무 식구들의 깊은 애정도 《속담 속에 숨은 과학》의 생명력에 큰 활기를 불어넣었습니다. 또한 그 덕에 《속담 속에 숨은 과학》은 10년 만에 새 옷을 갈아입고 세상을 나서게 되었습니다.

10년이 넘도록 큰 관심과 깊은 애정을 보여 주신 독자 여러분과 봄나무 식구들에게 진심으로 고마움의 뜻을 전합니다.

2016년 봄 정창훈

| 머리글 |

속담은 끈질긴 생명력을 가진 삶의 지혜

민들레는 생명력이 끈질긴 식물이에요. 거친 들판과 비좁은 보도블록 틈새는 물론 논둑길 수레바퀴에 밟히면서도 꿋꿋이 꽃을 피우지요. 한번 생각해 보세요. 그 먼 옛날, 민들레 한 송이가 꽃을 피우고 씨를 날려 멀리 퍼지고, 다시 싹을 틔워 꽃을 피운 오랜 세월을 말이에요.

속담도 민들레처럼 끈질긴 생명력을 가지고 있어요. 할머니의 할머니, 또 그 할머니의 할머니보다 오래전부터 우리에게 전해지고 있으니까요. 속담이 그 오랜 세월 우리에게 전해질 수 있었던 것은 그만큼 진솔한 삶의 지혜를 간직하고 있기 때문이에요.

'백지장도 맞들면 낫다'라는 속담이 있어요. 아무리 쉬운 일도 힘을 합치면 더 효과적이라는 뜻이지요. 비록 짧은 한 마디이지만 얼마나 교훈적인 속담이에요! 속담에는 이처럼 세상살이에 관한 것들이 많아요. 오랜 세월 사람과 사람이 서로 부대끼고 살면서 얻은 소중한 경험이 속담으로 전해지게 된 거지요.

'낙숫물이 댓돌을 뚫는다'라는 속담은 오랜 세월 꾸준히 노력하면 무슨 일이든 이룰 수 있다는 뜻이에요. 속담에는 이처럼 과학 지식을 바탕으로 전해진 것들도 있어요. 이런 속담은 자연 현상을 꼼꼼히 관찰하지 않고는 만들어질 수 없을 거예요.

여러분은 지금부터 과학 지식이 숨어 있는 16개의 속담을 살펴보게 될 거예요. 물론 옛날 사람들이 과학 지식을 전해 주려고 이런 속담을 만든 것은 아니에요. 하지만 속담 속에 숨어 있는 삶의 지혜를 배우며 과학 원리도 함께 배운다면 일석이조가 아니겠어요?

2005년 6월에 출간된 《속담 속에 숨은 과학》 1편은 그동안 많은 독자들의 사랑을 받았어요. 이제 그 사랑을 바탕으로 2편도 발간하게 되었네요. 길가에 핀 작은 민들레처럼, 삶의 지혜가 듬뿍 담긴 속담처럼, 《속담 속에 숨은 과학》 2편도 끈질긴 생명력으로 여러분 곁에 오래 머물 수 있기를 기대해 봅니다.

2009년 5월 정창훈

차례

1. 낙숫물이 댓돌을 뚫는다 · 12
2. 차돌에 바람 들면 석돌보다 못하다 · 22
3. 빨리 더워지는 방이 쉬 식는다 · 32
4. 강철이 달면 더욱 뜨겁다 · 40
5. 한 달이 크면 한 달이 작다 · 50

6. 쥐구멍에도 볕 들 날이 있다 · 60
7. 빈 수레가 더 요란하다 · 70
8. 얼음에 박 밀듯 · 78

- **9** 공중을 쏘아도 알과녁만 맞힌다 • 88
- **10** 가마 밑이 노구솥 밑 검다 한다 • 98
- **11** 정이월에 대독 터진다 • 106
- **12** 불난 데 부채질한다 • 116

- **13** 은행나무도 마주 서야 연다 • 126
- **14** 콩 심은 데 콩 나고 팥 심은 데 팥 난다 • 136
- **15** 개구리 올챙이 적 생각을 못한다 • 148
- **16** 대낮의 올빼미 • 156

1 낙숫물이 댓돌을 뚫는다

 10여 년 전 〈쇼생크 탈출〉이라는 외국 영화가 크게 인기를 끈 적이 있어요. 그 영화에서는 억울한 누명을 쓴 주인공이 아무도 상상하지 못한 방법으로 감옥에서 탈출하지요. 그 기막힌 방법이란 숟가락으로 감옥 벽을 뚫는 거예요. 믿기지 않는다고요? 물론 이런 일이 실제로 일어난 것은 아니에요. 하지만 마음을 굳게 먹는다면 충분히 할 수 있지 않을까요?

 하루에 1mm씩 굴을 판다고 생각해 보세요. 1년이면 365mm, 10년이면 3650mm예요. 이틀에 1mm씩 판다고 해도 10년이면 벽에 약

2m 길이의 굴을 뚫을 수 있다는 거예요. 이 정도면 아무리 두꺼운 벽도 뚫리고 말겠지요.

지은 죄도 없이 두꺼운 감옥 벽에 갇히게 된다면 누구든 희망을 잃을 수밖에 없을 거예요. 하지만 이 영화의 주인공은 아무리 어려운 일이라도 꾸준히 노력하면 이룰 수 있다는 사실을 알고 있었나 봐요. '낙숫물이 댓돌을 뚫는다'라는 속담이 바로 그런 뜻이에요.

거대한 웅덩이를 만든 운석 충돌

옛날 기와집은 지붕이 경사져 있어요. 그렇게 해야 눈이나 비가 쉽게 흘러내릴 수 있거든요. 벽 바깥쪽으로 튀어나온 지붕을 처마라고 하는데, 낙숫물이란 처마 끝에서 떨어지는 빗물이에요. 댓돌은 낙숫물이 떨어지는 곳 안쪽으로 쌓은 돌을 말하지요. 비가 오면 빗물은 처마 끝 낙숫물이 되어 댓돌로 떨어져요.

낙숫물은 처마에서 줄줄이 떨어져 댓돌에 부딪치면서 충격을 줘요. 과학자들은 그런 충격의 크기를 '충격량'이라고 하지요. 충격량이 클수록 부딪치는 물체에 큰 영향을 주는 거예요.

충격량은 물체의 질량이 클수록 크고 속도가 빠를수록 커요. 무거운 바위가 지붕에서 떨어진다고 생각해 보세요. 바닥이 움푹 팰 거예요. 총알은 무겁지 않지만 빠르기 때문에 물체에 부딪치면 큰 충격을 주지요.

땅에 부딪치는 물체 중에서 가장 큰 충격량을 가진 것은 아마 운석일 거예요. 지구 주변의 우주 공간에는 작은 천체들이 떠돌아다녀요. 그중에서 지구 중력에 끌려 땅에 떨어지는 것을 운석이라고 해요.

지금으로부터 6500만 년 전쯤에 멕시코의 유카탄 반도에 커다란 운석이 하나 떨어졌어요. '칙술루브'라고 하는 이 운석의 지름은 무려 10km나 되었지요. 에베레스트 산보다 더 큰 돌덩이가 하늘에서 떨어졌으니 어떻게 됐겠어요? 엄청난 폭발과 함께 먼지 구름이 하늘을 덮었지요.

하늘을 덮은 먼지는 햇빛을 막았어요. 식물은 햇빛을 이용해 영양분을 만들어요. 그런데 햇빛을 받을 수 없게 되니 식물들이 시들어 갔고, 식물을 먹고 살던 동물도 사라지기 시작했어요. 과학자들은 그 운석 충돌 때문에 공룡이 갑자기 멸망했다고 생각해요. 물론 그 운석은 땅에도 큰 상처를 남겼어요. 지름이 180km가 넘는 커다란 웅덩이를 만든 거예요. 운석 충돌로 만들어진 웅덩이를 '크레이터'라고 해요.

미국 애리조나 주의 사막 한복판에 있는 직경 1280m, 깊이 180m의 구덩이. 2만 년 전에 1만 톤 정도의 운석이 떨어져 생긴 것으로 추정되며 1891년에 발견되었다.

 **펀치볼을 만든 물의 힘**

칙술루브 크레이터를 만든 운석은 아주 무겁고 빨랐어요. 그만큼 충격량이 컸기 때문에 땅에 커다란 구멍을 낸 거예요. 하지만 작고 가벼운 물방울이 아무리 많이 떨어진다고 해도 정말 돌에 구멍이 날 수 있을까요? 자연에서 그 증거를 한번 찾아보기로 해요.

강원도의 해안이라는 마을은 그릇처럼 움푹 팬 곳에 자리 잡고 있어요. 그래서 이곳을 '펀치볼'이라고 부르기도 하지요. 펀치볼이란 영어로 그릇이라는 뜻이거든요. 어떤 과학자는 이 펀치볼이 운석 충돌로 만들어진 크레이터라고 주장해요. 또 어떤 과학자는 펀치볼이 침식 작용으로 만들어졌다고 주장하고 있어요. 침식이란 물에 깎여 나간다는 뜻이거든요.

펀치볼은 큰 지름이 8km가 채 되지 않아요. 그러니 치크술루브 크레이터를 만든 운석보다 훨씬 작은 운석이 떨어져도 순식간에 만들어질 거예요. 하지만 어떻게 물이 단단한 돌을 깎아서 그렇게 큰 웅덩이를 만들 수 있다는 것일까요? 그 비밀은 바로 오랜 시간에 있어요.

빗물은 경사를 따라 흘러내려요. 이때 돌의 약한 곳을 야금야금 깎

강원도 양구군 해안면의 펀치볼. 해발 400~500m의 고지대에 발달한 분지로 양구군 북동쪽 약 22km 지점에 자리 잡고 있다.

아 내지요. 마치 숟가락으로 쇼생크 감옥의 벽을 파 나가는 것처럼 말이에요. 더구나 물이 닿는 돌의 표면은 화학 작용으로 푸석푸석해져요. 그래서 돌은 생각보다 쉽게 부서지지요. 어떤 때에는 돌의 갈라진 틈으로 물이 들어가 얼면서 돌이 커다란 조각으로 쪼개지기도 해요.

    돌조각들은 물에 씻겨 내려가면서 점점 잘게 부서지고 자갈이 되고 모래가 되고 진흙이 돼요. 이런 일이 수천 년, 수만 년, 아니 수십만 년 되풀이된다고 생각해 보세요. 펀치볼 같은 웅덩이를 거뜬히 만들 수 있을 거예요.

　사실 높은 산과 깊은 계곡과 넓은 평지, 심지어는 구불거리며 흐르는 강도 모두 물의 힘으로 만들어졌어요. 높고 평평한 곳을 물이 깎아 산과 계곡이 만들어지고, 강물은 바닥을 깎아 흐르며 이리저리 구부러져요. 높은 산은 물에 깎여 결국 평지가 되지요.

 **물줄기로 순식간에 돌을 자른다!**

　물은 생각보다 큰 힘을 가지고 있어요. 시간만 충분하면 아무리 단단한 돌이라도 부술 수 있으니까요. 그렇다면, 물을 아주 빠르게 뿜어내면 가볍지만 빠른 총알처럼 큰 힘을 낼 수 있지 않을까요?

　다음 그림처럼 주사기에 물을 넣고 실험을 해 봐요. (가)의 주사기에서는 물방울이 하나둘씩 떨어질 거예요. 물론 물방울은 바닥에 아주 약하게 부딪쳐요. 이번에는 (나)의 주사기처럼 밀대를 세게 밀어 보세요. 주사기에서 뿜어져 나간 물줄기는 바닥에 세차게 부딪쳐요. 밀대를 더 세게 밀수록 물줄기가 빨라지고 바닥에 더 세차게 부딪칠 거예요.

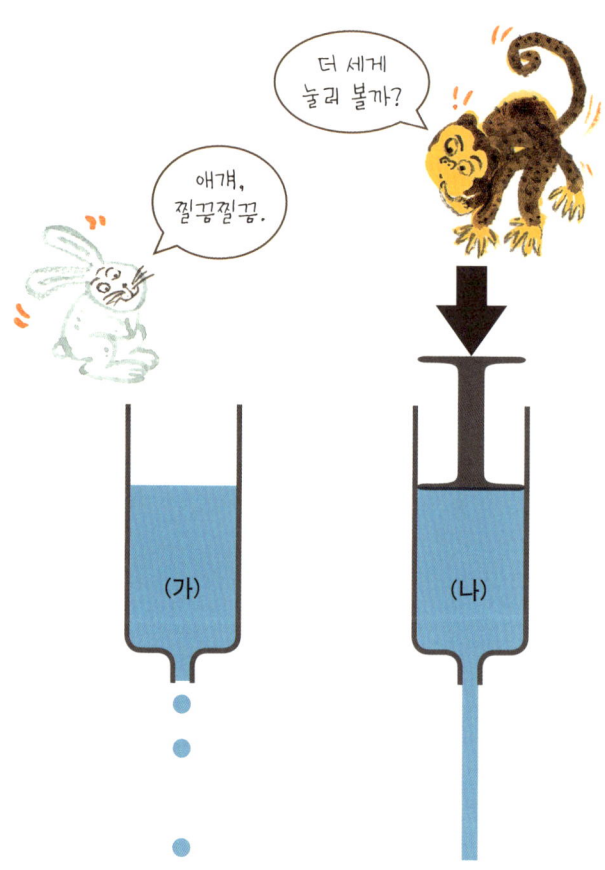

물칫솔은 바로 이 원리를 이용해 치아 사이에 낀 음식물 찌꺼기를 떨어내는 도구예요. 물칫솔에서 뿜어져 나오는 물줄기에 손을 대 보세요. 물줄기는 가늘지만 부딪치는 힘은 아주 셀 거예요. 물칫솔에 설치된 펌프로 물을 세게 밀어내기 때문이에요.

워터젯도 물칫솔과 비슷한 장치예요. 하지만 압력이 비교할 수 없을 만큼 세지요. 따라서 워터젯에서 뿜어져 나오는 물줄기는 가늘지만 엄청나게 빨라요. 물론 워터젯의 물줄기에 닿는 것은 무엇이든 구멍이 나지요. 워터젯의 물줄기가 지나가면 헝겊이나 나무는 물론 돌이나 금속까지도 순식간에 잘려 나가고 말아요. 워터젯은 톱이나 레이저처럼 물체를 자를 때 쓰는 도구예요.

낙숫물은 워터젯의 물줄기처럼 빠르지는 않아요. 또 운석처럼 무겁지도 않지요. 하지만 낙숫물에게는 시간이라는 힘이 있어요. 아무리 작은 물방울이라도 수십 년 동안 떨어뜨리면 단단한 돌도 뚫을 수 있는 거예요. 그건 여러분도 마찬가지예요. 자신의 능력이 아무리 하찮게 느껴지더라도 무엇이든 꾸준히 하면 꿈을 이룰 수 있지 않겠어요?

2 차돌에 바람 들면 석돌보다 못하다

　《지킬 박사와 하이드 씨》라는 책을 읽어 본 적 있나요? 지킬 박사는 모든 이들에게 존경 받았어요. 그는 모든 사람은 선한 마음과 악한 마음을 함께 가지고 있다고 생각했어요. 그래서 사람들이 살아가는 동안 숱한 갈등을 겪는다고 믿었지요. 그렇다면 그 두 가지 마음을 나눌 수만 있다면 갈등을 없앨 수 있는 걸까요?

　지킬 박사는 선과 악을 나눌 수 있는 약을 발명했어요. 낮에는 선한 마음으로 살아가던 지킬 박사는 밤에는 약을 먹고 악한 사람, 즉 하이드 씨가 되었지요. 물론 하이드 씨가 된 지킬 박사는 나쁜 일을 저지르며 돌아다녔어요.

차돌은 아주 단단해요. 석돌은 푸석푸석하지요. 지킬 박사의 마음은 차돌처럼 단단했어요. 그런데 선악에 대해 고민하면서 마음이 약해졌어요. 마치 바람이 든 차돌처럼 말이에요. 결국 지킬 박사의 단단했던 마음은 무너지고 보통 사람보다 더 나쁜 하이드 씨로 변했어요. '차돌에 바람 들면 석돌보다 못하다'라는 속담은 올찬 사람이 한번 타락하면 걷잡을 수 없게 된다는 뜻이에요. 그러니 지킬 박사에게 딱 어울리는 속담이지요.

 **열과 압력으로 다져지는 암석**

우리가 흔히 말하는 돌을 과학자들은 '암석'이라고 말해요. 화강암, 현무암의 끝 글자 '암(岩)'이 바로 암석을 뜻하지요. 물론 평소에는 그냥 돌이라고 말하는 게 편해요. 그러니까 돌이라고 하든 암석이라고 하든 같은 뜻이라고 생각하면 돼요.

과학자들은 만들어지는 원인에 따라 암석을 세 종류로 나눠요. 화성암과 퇴적암, 그리고 변성암이에요.

지구는 딱딱한 암석 껍데기로 둘러싸여 있어요. 이 껍데기를 지각이라고 해요. 땅속 깊은 곳에는 열과 압력이 아주 높기 때문에 암석이 녹아 만들어진 액체가 가득해요. 이 액체를 마그마라고 해요. 마그마는 아주 뜨겁기 때문에 위로 솟아오르려고 해요. 마치 끓는 물처럼 말이에요. 또 압력이 높기 때문에 틈만 있으면 비집고 나가려고 하지요.

마그마가 땅속 깊은 곳에서 암석 틈을 비집고 올라와 얕은 곳으로 이동했다고 생각해 보세요. 땅속 온도는 지표에 가까워질수록 낮아져요. 그래서 마그마가 식어 단단한 암석으로 굳지요. 화강암은 마그마가 땅속에서 천천히 식어 만들어진 암석이에요. 마그마가 지표 밖으로 뿜어져 나오면 금세 식어서 단단한 암석으로 굳을 거예요. 현무암은 이렇게 만들어진 암석이지요.

화강암과 현무암을 화성암이라고 해요. 화성암이란 불로 만들어진 암석이라는 뜻이에요. 마그마는 아주 뜨거운 불과 같거든요.

진흙과 모래와 자갈이 호수나 바다에 가라앉으면 겹겹이 쌓인 층이 만들어져요. 이런 층을 퇴적층이라고 하지요. 오랜 세월 퇴적층이

미국 하와이 화산 국립공원에 있는 세계 최대의 활화산 칼라우에산의 용암. 용암은 지표로 뿜어져 나온 마그마이다. 용암이 식어 굳으면 현무암이 된다.

화강암
(중립질 복운모 화강암)

현무암

화성암

사암
(담록색 암편 사암)

퇴적암

이암

역암

편암
(각섬석 편암)

변성암

대리암

규암

계속 쌓이면 어떻게 될까요? 위에 있는 퇴적층이 누르는 압력 때문에 아래에 있는 퇴적층은 단단하게 굳어 암석이 될 거예요. 퇴적암은 바로 이렇게 만들어진 암석이에요. 진흙이 굳어 만들어진 이암, 모래가 굳어 만들어진 사암, 진흙과 모래와 자갈이 시멘트 콘크리트처럼 굳어 만들어진 역암은 모두 퇴적암이지요.

변성암이란 성질이 변해 만들어진 암석이라는 뜻이에요. 암석의 성질이 어떻게 변하냐고요? 화성암이나 퇴적암은 지각 변동이 생기면 땅속 깊은 곳으로 가라앉기도 해요. 땅속 깊은 곳에서는 암석들이 열과 압력을 받아 더욱 단단하게 다져지지요. 암석의 성질이 바뀌는 거예요. 우리가 흔히 말하는 차돌을 과학자들은 규암이라고 해요. 규암은 땅속 깊은 곳에서 더욱 단단한 성질을 갖게 된 변성암이지요.

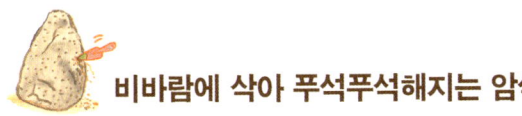

비바람에 삭아 푸석푸석해지는 암석

중국 동북부 길림성이라는 곳의 언덕에는 높이 6m 남짓한 거대한 비석이 우뚝 서 있어요. 이 비석은 고구려 광개토대왕의 업적을 기리려고 세운 거예요. 암석은 예로부터 단단한 물체로 잘 알려져 있어요. 그래서 암석으로 비석은 물론 탑이나 건물을 지었지요. 광개토대왕비도 1600년 가까이 비바람을 맞으며 버텨 왔어요.

산꼭대기에 드러난 바위를 보세요. 숱한 세월이 지나도 변하지 않는 것처럼 보여요. 하지만 자연에서는 수천 년도 짧은 시간이에요. 암석은 오랜 세월 동안 비바람에 조금씩 부서지고 있어요.

암석을 이루는 알갱이를 광물이라고 해요. 화강암은 석영과 장석과 운모라는 광물로 이루어져 있지요. 알갱이가 굵은 화강암의 표면을 살펴보세요. 유리처럼 빛나는 것이 석영이고 분홍색이나 흰색을 띤 것이 장석이에요. 운모는 흰색이나 검은색을 띠고 있는데 얇은 종이 모양으로 생겼지요.

화강암을 이루는 광물 중에서 장석은 빗물에 아주 약해요. 빗물은 이산화탄소가 녹아 있어서 약한 산성을 띠거든요. 장석은 산성을 띤 빗물에 조금씩 녹아요. 그래서 화강암이 점점 푸석푸석해지지요. 암석이 빗물에 약해지는 현상을 풍화라고 해요. 또 풍화 때문에 푸석푸석해진 화강암을 푸석돌, 또는 석돌이라고 하지요. 속담에 나오는 석돌이 바로 푸석푸석해진 화강암인 거예요.

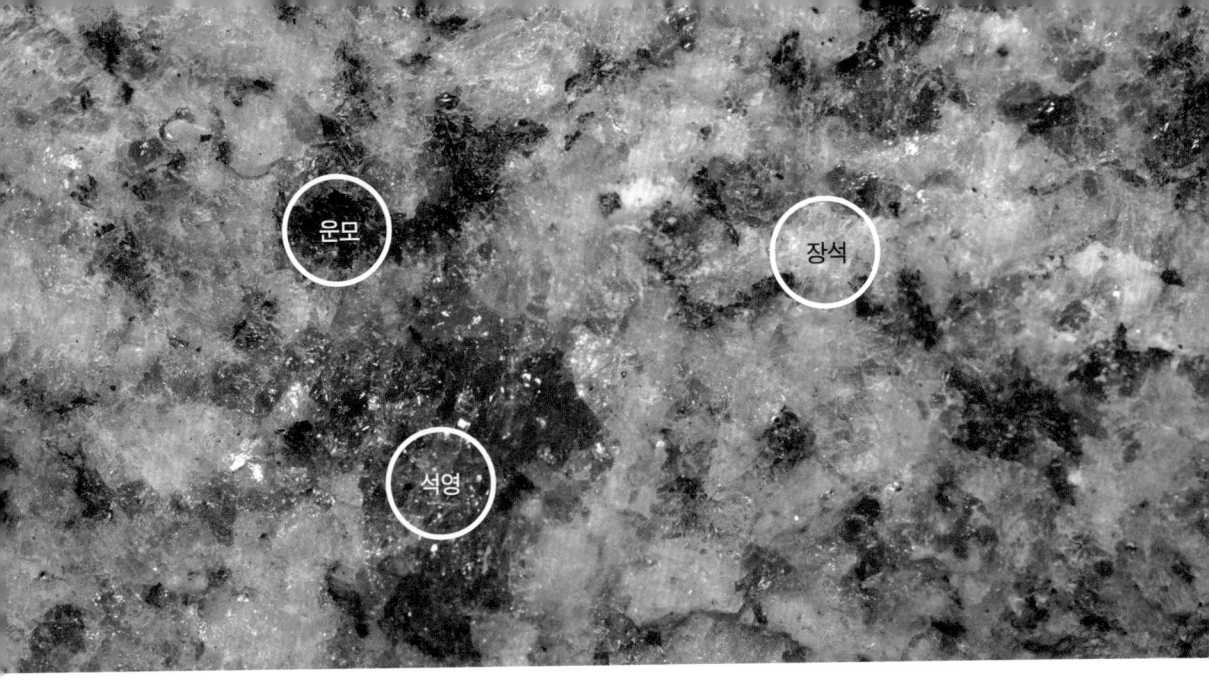
화강암은 석영, 장석, 운모 세 가지 광물로 이루어져 있다.

　산에서 마치 빗물에 녹아내린 것처럼 매끈하게 깎인 바위들을 본 적 있나요? 이 바위들이 바로 푸석돌이에요. 호미나 삽처럼 단단한 물건으로 이 바위를 긁으면 아마 알갱이들이 우수수 떨어질 거예요. 그만큼 푸석푸석해진 거예요.
　화강암보다 훨씬 단단한 차돌, 즉 규암은 어떨까요? 규암은 아주 단단하기 때문에 잘 부서지지 않아요. 하지만 규암도 세월에는 견디지 못해요. 암석은 여름에는 뜨겁게 달궈지고 겨울에는 차갑게 식어요. 그에 따라 암석의 부피도 늘어나고 줄어들기를 되풀이하지요. 이런 과정이 수없이 되풀이되면 규암 속에 가느다란 틈이 생겨요. 차돌에 바람이 든 거예요.

한번 바람 든 규암은 그 틈을 따라 쉽게 쪼개져요. 규암으로 이루어진 바위 밑의 돌조각들은 바로 이런 현상으로 떨어져 나간 거지요.

옛날 사람들은 차돌이 쉽게 쪼개지는 것을 보고 뜻밖이라고 생각했어요. 그래서 이렇게 말했을 거예요.

"차돌이 가장 단단한 줄 알았는데 이게 뭐야? 한번 바람 들더니 석돌보다 못하잖아. 그래 맞아. 차돌에 바람 들면 석돌보다 못한 거야!"

공부도 잘 하고 운동도 잘 해서 누구나 부러워하는 사람이 있어요. 요즘에는 노래도 잘하고 춤도 잘 춰야 하겠지요. 여러분이 바로 그런

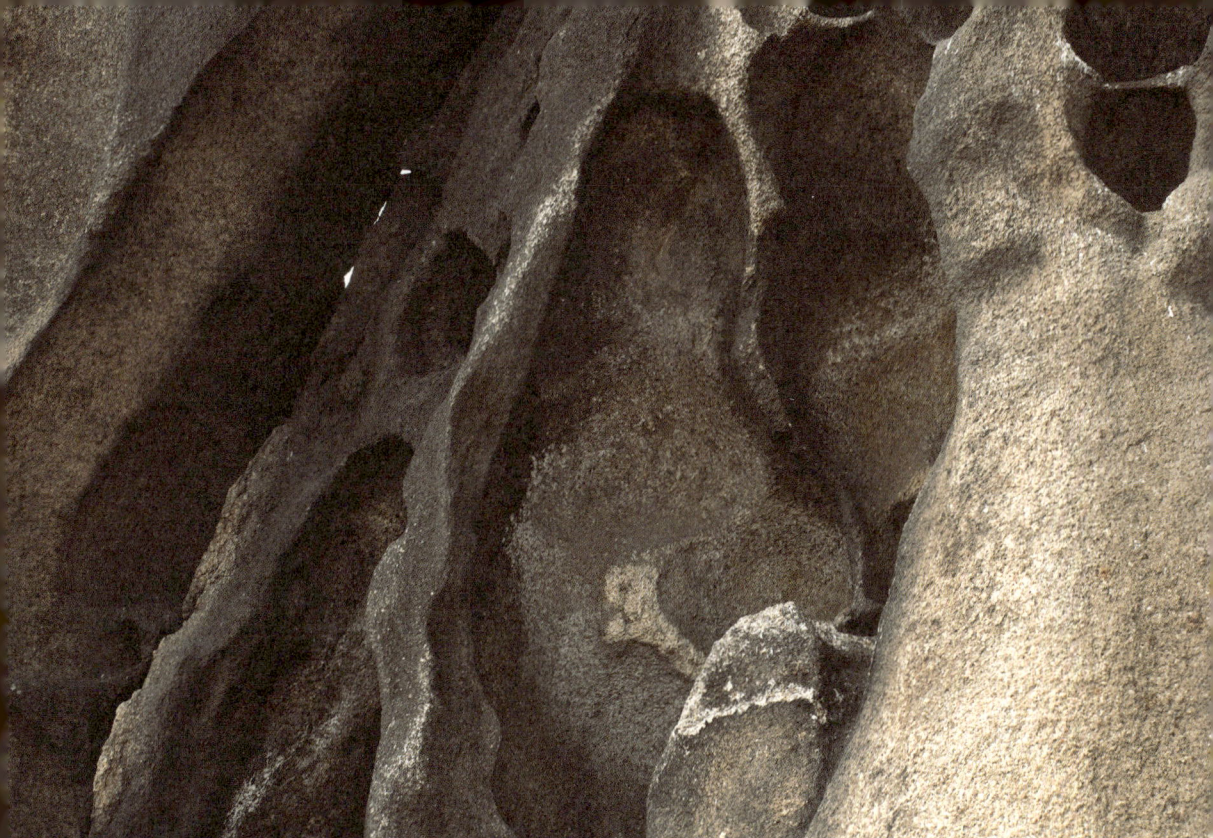
화강암에 섞인 장석이 빗물에 풍화되어 푸석푸석해진 푸석 바위.

사람이라고요? 그럼 너무 우쭐거리지 마세요. 어쩌다 한번 바람 들면 보통 사람들보다 더 망가질 수가 있거든요. 아마 이 속담은 잘난 사람일수록 더욱 겸손해져야 한다는 뜻도 지니고 있는지 몰라요.

3 빨리 더워지는 방이 쉬 식는다

 무엇이든 쉽게 결심하는 친구가 있어요. 그런 친구는 보통 마음이 금세 바뀌지요. 전쟁 영화를 보고 나면 멋진 군인이 되겠다고 말하지만, 다음 날 〈개그콘서트〉를 보고 나면 개그맨이 되겠다고 말이 바뀌지요. 내일 아침 공원에 자전거를 타러 가자고 하고서는 다음 날 아침에 만나면 집에서 게임을 하자고 해요.

 사람의 마음은 상황에 따라 바뀌기 마련이에요. 배가 고플 때에는 라면 열 개라도 먹을 수 있을 것 같지만, 한두 개만 먹어 보세요. 배가 불러서 더 이상 못 먹을 거예요. 그러니 아무리 배가 고프더라도 잠시 생각을 해야 해요. 지금은 열 개라도 먹을 수 있을 것 같지만 내가 먹을 수 있는 양이 몇 개인지 말이에요.

무슨 결심을 할 때에는 자신이 그 결심을 잘 지킬 수 있을지 생각해 보아야 해요. 아무 생각 없이 쉽게 결심하는 친구일수록 쉽게 포기하기 마련이에요. '빨리 더워지는 방이 쉬 식는다'라는 속담은 바로 그런 친구에게 잘 어울리지요.

 **따끈따끈한 온돌방**

우리나라는 겨울이 아주 추워요. 그래서 겨울에는 불을 피워 방을 따뜻하게 데워야 하지요. 우리 조상들은 아주 슬기로웠어요. 온돌이라고 하는 아주 뛰어난 난방 장치를 만들었거든요. 서양 사람들은 난로에서 나무나 석탄을 태워 방 안의 공기를 데워요. 하지만 온돌은 방바닥 전체를 뜨끈뜨끈하게 데우지요.

요즘에는 보일러에서 끓인 물이 방바닥 밑에 깔린 파이프를 지나며 방바닥을 데워요. 하지만 옛날에는 아궁이에서 나무를 태웠어요.

아궁이에서 불을 피우면 뜨거운 공기가 방바닥 밑으로 흐르면서 구들장을 따뜻하게 데우는 거예요. 구들장은 방바닥을 받치는 넓적한 돌을 말해요. 방바닥이 따뜻하게 데워지면 그 열로 방 안의 공기가 따뜻해져요.

온돌이란 따뜻한 돌이라는 뜻이에요. 결국 방을 데운다는 것은 돌

을 데우는 것과 같은 뜻이지요. 그런데 속담처럼 돌이 빨리 데워지기도 하고 천천히 데워지기도 하는 걸까요? 또 빨리 데워진 돌은 빨리 식는 걸까요?

　예를 들어 두꺼운 돌과 얇은 돌로 만든 두 개의 구들장을 생각해 보세요. 똑같은 양의 나무를 때서 똑같이 가열하면 어떤 구들장이 먼저 데워질까요? 당연히 얇은 돌로 만든 구들장이 먼저 데워질 거예요. 또 그 구들장이 먼저 식겠지요.

　물질을 데운다는 것은 가열해서 온도를 높인다는 거예요. 물질을 가열하면 열이 많아져요. 그리고 열이 많아지는 만큼 온도가 높아지지요. 만일 그 물질의 양을 두 배로 늘린다면 그 물질의 온도를 똑같이 올리는 데 두 배의 열이 필요하겠지요. 그러니까 그만큼 더 오래 가열해야 한다는 거예요. 물론 오래 가열한 만큼 식는 시간도 그만큼 오래 걸려요.

　어때요? 이제 빨리 데워진 방이 빨리 식는 이유를 알 수 있겠지요?

 **낮에는 해풍, 밤에는 육풍**

　물질에 열을 더해 주면 그만큼 온도가 높아져요. 물론 물질의 양이 많으면 같은 온도를 올리는 데에도 더 많은 양의 열을 주어야 해요. 앞에서도 두꺼운 돌을 데우는 데 더 많은 열을 주어야 한다고 했잖아요.

　예를 들어 무게가 20kg인 돌의 온도를 1°C 높이려면, 무게가 10kg인 돌의 온도를 1°C 높일 때보다 두 배 많은 열을 주어야 한다는 거예요. 그런데 온도를 1°C 높이는 데 주어야 하는 열의 양은 물질마다 달라요. 같은 질량의 돌과 물의 온도를 1°C 높이는 데 주어야 하는 열의 양이 다르다는 거예요!

　무게가 10kg인 돌과 물이 있어요. 온도는 모두 10°C라고 생각하기로 해요. 이 돌과 물을 같은 전열기 두 대에 각각 올려놓고 데우기 시작했어요. 돌과 물의 온도는 점점 높아질 거예요. 어느 순간 돌의 온도를 쟀더니 11°C이었어요. 이때 물의 온도는 얼마나 될까요? 정확한 것은 재 봐야 알겠지만 11°C가 채 안 된다는 것은 확실해요. 돌이 물보다 빨리 데워지기 때문이에요.

그럼 돌이 물보다 더 빨리 식지 않을까요? 맞아요. 바닷가에서 부는 바람의 방향이 낮과 밤에 바뀌는 것은 바로 이런 이유 때문이에요.

낮에는 햇볕이 쨍쨍 내리쬐면서 육지와 바다를 데워요. 이때 햇볕으로부터 받는 열의 양은 육지나 바다나 똑같지요. 하지만 같은 시간 동안 햇볕을 쬐어도 올라가는 온도는 육지와 바다에서 서로 달라요. 육지가 더 빨리 데워지기 때문이에요. 따라서 육지의 공기는 바다의 공기보다 따뜻하지요.

육지의 따뜻해진 공기는 위로 올라간다는 사실은 잘 알고 있을 거예요. 그럼 바다에서 육지로 시원한 바람이 불지 않겠어요? 이 바람을 해풍이라고 해요. 밤에는 육지가 바다보다 먼저 식기 때문에 바다의 공기가 육지의 공기보다 따뜻해요. 그래서 밤에는 바람이 육지에서 바다로 불지요. 이 바람을 육풍이라고 해요.

사람은 살아가면서 수많은 결정을 내려야 해요. 나는 커서 무엇이 될까? 이번 반장 선거에서는 누구를 뽑을까? 나는 어떤 친구와 사귀어야 할까? 일요일에 친구들이 공원에 가자고 하는데 어떻게 해야 할까?

이런 결정을 내릴 때에는 여러 가지 사정을 충분히 잘 따져야 해요. 급히 일을 서두르면 그만큼 빨리 포기하게 될 테니까요.

4 강철이 달면 더욱 뜨겁다

아주 오래전 일이에요. 평소 아주 조용히 지내는 친구가 있었어요. 말도 없고 문제도 일으키지 않아요. 누가 못살게 굴어도 웃기만 할 뿐 싸우지도 않아요. 물론 화를 내는 일도 거의 없지요.

그러던 어느 날, 한 짓궂은 친구가 아이들을 못살게 굴지 뭐예요. 다들 그 친구를 슬금슬금 피하는데, 그때 그 조용하던 친구가 갑자기 화를 내는 게 아니겠어요. 그러고는 날아오는 주먹을 번개처럼 피하면서 짓궂은 친구의 코피를 터뜨렸어요.

'강철이 달면 더욱 뜨겁다.'

어머니는 그 친구 이야기를 들으시고 이 속담을 말씀하셨어요. 평소 조용하던 사람이 한번 성나면 더 무서워진다는 뜻이래요.

강철은 단단한 쇠를 말해요. 달다는 것은 설탕처럼 달다는 뜻이 아니에요. 뜨겁게 달군다는 뜻이지요. 물론 쇠를 뜨겁게 달구면 아주 뜨거울 거예요. 그런데 쇠가 평소에는 어떻기에 그런 속담이 생긴 것일까요?

 **열은 온도가 높은 곳에서 낮은 곳으로!**

이 속담은 물질과 열의 성질을 사람에 빗대어 만든 속담이에요. 앞에서도 알아본 것처럼 물질에 열을 더하면 온도가 높아져요. 열과 온도에 대해서는 누구나 잘 알고 있는 것 같지만 그렇지 않아요.

첫째, 뜨겁다는 것은 어떤 상태를 말하는 걸까요? 흔히 열이 많으면 뜨거울 것이라고 생각하기 쉬워요. 하지만 그게 아니에요. 열이 아니라 온도가 높을수록 뜨거운 거예요. 열의 양이 많으면 온도가 높지 않냐고요? 꼭 그렇지는 않아요.

크기가 같은 두 개의 물그릇에 물이 가득 담겨 있어요. 온도를 재 보니 하나는 20℃고 다른 하나는 15℃군요. 이때 열의 양은 온도가 높은 물에 더 많아요.

이번에는 크기가 다른 두 개의 물그릇에 물을 가득 채웠어요. 두 물그릇의 온도는 모두 20℃예요. 온도가 같으니까 두 물그릇에 들어 있는 열의 양도 같을까요? 아닙니다. 열의 양은 큰 물그릇에 더 많아 요! 열의 양이 더 많은데 온도는 같은 거예요.

그런가 하면 온도가 낮은데 열은 더 많을 수도 있어요. 차가운 바닷물은 100℃의 끓는 물보다 더 많은 열을 가지고 있어요. 물의 양이 훨씬 많으니까 열의 양도 많은 거예요.

그런데 과연 차가운 열도 있을까요? 얼음을 만지면 손이 차가워져요. 흔히 찬 기운이 몸으로 들어오기 때문이라고 말하지요. 하지만 과학자들은 그렇게 말하지 않아요. 손의 열이 얼음으로 이동했기 때문이라고 말하거든요.

모든 물질은 열을 가지고 있어요. 차가운 얼음이라도 말이에요. 어떤 물질이 열을 얻으면 온도가 높아져요. 열을 빼앗기면 온도가 낮아지지요. 열은 이쪽저쪽으로 이동하기도 하는 거예요. 그런데 열은 꼭 한 방향으로 흘러요. 온도가 높은 곳에서 낮은 곳으로 말이에요.

손으로 얼음을 만졌을 때 열은 어느 쪽으로 이동할까요? 손의 온도보다 얼음의 온도가 낮아요. 따라서 열은 손에서 얼음으로 이동하지요. 얼음은 열을 얻어 온도가 높아지기 때문에 녹기 시작해요. 또 손은 열을 빼앗기기 때문에 온도가 낮아지지요. 그래서 얼음을 쥐면 손이 차가워지는 거예요.

 **쇠는 열이 잘 통하는 물질**

추운 날 아침 자전거를 타 본 적 있나요? 쇠로 만들어진 자전거 몸체를 손으로 잡으면 아주 차가워요. 하지만 플라스틱으로 만들어진 손잡이는 덜 차갑지요. 그렇다고 쇠의 온도가 플라스틱의 온도보다 낮은 것은 아니에요. 밤새도록 같은 곳에서 함께 차가워졌을 테니 쇠와 플라스틱의 온도는 기온과 같을 거예요.

땅은 물보다 금세 데워지고 식는다고 했어요. 쇠는 그런 성질이 더 심해요. 열을 금세 얻기도 하고 잃기도 하는 거예요. 물론 플라스틱은 쇠보다 덜하지요. 주전자에 물을 넣고 끓일 때를 생각해 보세요. 쇠로 만들어진 주전자의 몸체는 금세 뜨거워지지만 플라스틱 손잡이는 그렇지 않잖아요.

자전거 몸체를 손으로 잡으면 손의 열이 자전거 몸체로 아주 빠르게 이동해요. 손잡이를 잡았을 때에는 그보다 느리게 이동하지요. 그래서 손으로 쇠를 잡았을 때 더 차갑게 느껴지는 거예요.

그렇다면 햇볕이 내리쬐는 낮에는 어떨까요? 쇠는 플라스틱보다 금세 뜨거워져요. 그래서 낮에는 자전거 몸체가 손잡이보다 따뜻하

지요. 햇볕이 쨍쨍 내리쬐는 여름 낮에 주차장의 자동차를 만져 보세요. 철판으로 만들어진 자동차 차체가 아주 뜨거울 거예요. 쇠는 햇볕에 그만큼 빨리 데워지기 때문이에요.

쇠는 이 속담에 어울리는 또 하나의 성질을 가지고 있어요. 그것은 쇠를 아주 뜨겁게 달굴 수 있다는 거예요. 옛날에는 대장간에서 생활에 필요한 여러 가지 금속 제품을 만들었어요. 칼이나 삽, 호미 같은 도구들 말이에요. 쇠는 뜨겁게 달구면 부드러워져요. 그래서 망치로 두드리면 여러 가지 모양을 만들 수 있지요.

물을 끓이면 아주 뜨거워져요. 하지만 물의 온도는 100°C를 넘지 못해요. 물은 100°C에서 끓어 수증기로 변하거든요. 종이나 나무는 수백 도의 온도에서 타 버리지요. 플라스틱을 가열하면 금세 녹아 버려요. 그런데 쇠는 달라요. 쇠를 녹이려면 1000°C 이상으로 달궈야 하니까요.

물론 유리나 돌도 쇠 못지않게 뜨겁게 달굴 수 있어요. 하지만 뜨겁게 달군 유리나 돌은 우리 주변에서 쉽게 볼 수 없었지요. 속담은 아주 흔한 것에서 만들어지기 마련이에요. 그러니 '돌이 달면 더욱 뜨겁다'보다는 '강철이 달면 더욱 뜨겁다'라는 말이 더 친근하게 느껴지는 것이지요.

 **끓는 물보다 더 뜨거운 물**

'김 안 나는 숭늉이 더 뜨겁다'라는 속담 하나 더 소개할게요. 이 속담은 말 많은 사람보다 말 없는 사람이 더 무섭다는 뜻이니 '강철이

달면 더욱 뜨겁다'라는 속담과 비슷하지요. 물은 100℃에서 끓어 수증기로 변해요. 그러니까 물의 온도는 100℃를 넘지 못하는 거예요. 그런데 물이 꼭 100℃에서만 끓는 것은 아니에요.

밥을 잘 지으려면 쌀을 100℃의 끓는 물에서 잘 삶아야 해요. 하지만 높은 산에서는 물이 100℃보다 낮은 온도에서 끓지요. 그래서 높은 산에서는 밥이 설익어요. 어째서 물이 낮은 온도에서 끓느냐고요?

그건 기압이 낮기 때문이에요. 그래서 산에서 밥을 잘 지으려면 그릇 뚜껑 위에 무거운 돌을 올려놓으면 돼요. 돌이 뚜껑을 누르면 압력이 높아져서 물이 100℃에서 끓기 때문이에요.

이처럼 물이 끓는 온도는 기압에 따라 달라져요. 만일 기압이 평소보다 높은 곳이라면 100℃에서도 물이 끓지 않을 거예요. 또 기압이 충분히 낮으면 찬물도 부글부글 끓지요.

물에 무언가를 녹여도 물이 끓는 온도가 높아져요. 예를 들어 물에 소금을 녹였다고 생각해 보세요. 소금물은 100℃에서도 끓지 않아요. 그보다 더 높은 온도가 되어야 끓기 시작하지요. 그래서 국수를 데칠 때 물에 소금을 조금 넣고 끓이기도 해요. 국수는 오래 데치면 풀어지기 때문이에요. 소금물은 물보다 더 뜨거워서 국수를 더 빨리 데칠 수 있어요. 그럼 국수가 더 쫄깃쫄깃해지겠지요.

자, 여러분 앞에 뜨거운 물과 숭늉이 있어요. 대부분 김이 모락모락 나는 물이 더 뜨겁다고 생각할 거예요. 하지만 조심하세요. 비록 김이 나지 않지만 숭늉이 더 뜨거울 수도 있거든요. 왜냐하면 숭늉에는 누룽지가 들어 있잖아요. 물에 다른 물질이 녹아 있으면 100°C에서도 끓지 않거든요.

이제부터 주변 친구들을 잘 살펴보세요. 그리고 아주 조용하고 착하게 보이는 친구라고 해서 함부로 대하면 안 돼요. 사람은 누구나 자존심을 가지고 있지요. 그 자존심을 건드리면 아무리 얌전한 사람이라도 불같이 화를 낼 때가 있어요. 마치 평소에는 차갑던 강철이 더 뜨겁게 달구어지고, 김 안 나는 숭늉이 더 뜨거울 수 있는 것처럼 말이에요.

5 한 달이 크면 한 달이 작다

옛날 중국의 북방을 지키는 어떤 요새에 한 노인이 살고 있었어요. 어느 날 노인의 말 한 마리가 국경을 넘어 도망쳤지요. 하지만 노인은 슬퍼하지 않았어요. 그 일 때문에 좋은 일이 생길지 모르니까요. 그런데 그 말이 멋진 말 한 마리를 더 데리고 다시 집으로 돌아왔어요. 하지만 노인은 기뻐하지 않았어요. 그 일 때문에 나쁜 일이 생길지도 모르니까요.

어느 날 노인의 아들이 그 멋진 말에서 떨어져 다리가 부러졌어요. 하지만 노인은 슬퍼하지 않았어요. 그 일 때문에 좋은 일이 생길지도 모르니까요. 그게 사실이었어요. 몇 년 뒤 전쟁이 났지만 노인의 아들은 다리를 절었기 때문에 군인으로 끌려가지 않았거든요. 성한 사람들은 모두 전쟁에 나가 목숨을 잃었는데 말이에요.

이처럼 세상일은 한 번 좋은 일이 있으면 그다음에는 나쁜 일도 일어나기 마련이에요. '한 달이 크면 한 달이 작다'라는 속담은 바로 그런 뜻이지요. 한 달을 똑같은 날짜로 만들면 헷갈리지도 않을 텐데, 어째서 큰 달과 작은 달이 있는 것일까요?

시간의 기본은 하루?

학교는 몇 시에 가고, 오늘은 몇 월 며칠이며, 올해는 몇 년인가요? 이처럼 우리는 시간에 맞추어 생활해요. 시간은 우리 생활에 그만큼 중요한 거예요. 사람들은 편의에 따라 연, 월, 일, 시 같은 여러 가지 시간 단위를 만들었어요. 이 시간 단위 중에서 가장 먼저 만들어진 것은 무엇일까요?

아주 옛날 사람들에게는 먹고사는 일이 가장 중요했어요. 그런데 우리는 빛이 있어야 볼 수 있어요. 무언가 먹을 것을 구하려면 낮에 움직여야 한다는 뜻이지요. 아침에 해가 뜨면 잠에서 깨어 먹을 것을 구하러 나가고, 어두워지면 잠자리에 들었어요. 이제 하루가 지난 거예요. 그러니까 사람들이 가장 먼저 깨닫게 된 시간 단위는 아마 하루일 거예요.

적도 지방에서는 오늘과 내일이 거의 비슷해요. 날씨 변화가 거의 없기 때문이에요. 하지만 우리나라처럼 계절이 달라지는 중위도 지방에서는 사정이 달라요. 따뜻한 봄이 오면 새싹이 돋고 동물들도 기지개를 켜지요. 여름은 모든 생물이 가장 활발하게 움직이는 시기예요. 그런가 하면 가을은 결실의 계절이지요. 그리고 겨울에는 모두 깊은 휴식에 들어가요. 다시 봄이 찾아올 때까지 말이에요.

시간이란 무엇인가 되풀이되는 간격이에요. 하루는 해가 뜨고 지는 것이 되풀이되는 간격이지요. 옛날 사람들도 수많은 하루가 지나면 똑같은 날씨가 다시 되풀이된다는 사실을 깨달았을 거예요. 그것이 바로 1년이지요.

사람들은 드디어 일과 년이라는 시간 단위를 알게 되었어요. 옛날 사람들은 아마 이렇게 앞날의 약속을 정했을 거예요.

"두 번째 해가 뜰 때 마을 입구의 큰 나무 밑에서 보자."

"우리 다음 번 진달래꽃이 필 때 결혼하기로 해요."

그런데 한 가지 문제가 생겼어요. 손가락 발가락으로 아무리 따져도 1년이 지나려면 너무 오래 걸리는 거예요. 하루하루로 1년을 계산하려면 좀 복잡해지는 것이지요. 그렇다면 1년을 좀 더 작은 단위로 쪼개는 것이 좋지 않겠어요?

 **달을 보고 만든 달력, 음력**

자, 이제 1년보다는 짧고 하루보다는 긴 시간 단위를 만들어야 해요. 시간 단위는 무언가 되풀이되는 현상을 기준으로 해야 한다고 했어요.

옛날 사람들은 계절을 먼저 생각했을 수도 있어요. 1년 동안 봄, 여름, 가을, 겨울이 되풀이되니까요. 하지만 계절은 정확하지 않아요. 어느 해에는 꽃이 늦게 필 수도 있고, 또 어느 해에는 가을에 눈이 올 수도 있거든요.

옛날 사람들도 관찰력이 대단했던 것 같아요. 달의 모양 변화를 알고 있었거든요. 어떤 날은 달이 보이지 않아요. 하지만 다음 날이 되면 오른쪽으로 구부러진 가는 달이 돼요. 그리고 하루하루가 지날수록 살이 통통하게 붙어요. 1주일쯤 지나면 오른쪽이 둥근 반달인 상현달이 되고, 또다시 1주일이 지나면 둥근 보름달이 되지요.

보름달이 지나면 달이 점점 홀쭉해져요. 1주일쯤 지나면 왼쪽이 둥근 반달인 하현달이 되고, 또다시 1주일쯤 지나면 왼쪽으로 구부러진 그믐달이 돼요. 아마 그다음 날에는 달이 보이지 않을 거예요. 이때를

삭이라고 하지요. 달의 모양 변화는 아주 정확해요. 따라서 시간의 기준이 되기에 충분하지요.

  옛날 사람들은 삭에서 다음 삭까지의 시간을 한 달이라고 정했어요. 그리고 1년을 12개월로 정했지요. 이것이 바로 음력이라는 달력이에요. 음력은 달의 움직임을 기준으로 만든 달력이에요. 그런데 음력에는 문제가 있어요. 달의 모양이 변하는 주기가 딱 떨어지지 않는 거예요. 삭에서 다음 삭까지 29.5일이 걸리거든요.

  "오늘은 29.5일이야."

이런 식으로 날짜가 딱 떨어지지 않으면 얼마나 불편하겠어요. 그래서 옛날 사람들은 한 달의 날짜를 29일과 30일로 번갈아 가며 정했어요. 그리고 29일까지 있는 달을 작은 달, 30일까지 있는 달을 큰 달이라고 했지요.

사실 큰 달과 작은 달이 일정하게 되풀이되는 것은 아니에요. 큰 달과 작은 달의 날짜를 모두 더하면 354일이 돼요. 하지만 1년은 365일이잖아요. 1년에 11일씩 모자라는 거예요. 이 문제를 해결하기 위해 옛날 사람들은 3년에 한 번씩 한 달을 더 넣었어요. 11일씩 3년이면 33일이 되어 한 달이 되거든요. 이 해에는 1년이 13개월이 되는 거예요.

이런저런 이유로 음력은 아주 복잡해요. 하지만 큰 달과 작은 달이 되풀이된다는 것은 어느 정도 맞는 말이에요. '한 달이 크면 한 달이 작다'라는 속담은 바로 그런 사정에서 만들어진 것이지요.

 **해를 보고 만든 달력, 양력**

달은 밤하늘에 걸린 달력이에요. 달의 모양을 보면 음력 날짜를 알 수 있으니까요. 그런데 앞에서 설명한 것처럼 음력은 아주 복잡해요. 어떤 때에는 계절이 달과 맞지 않을 수도 있지요. 하지만 달력은 농사에 아주 중요해요. 농사를 잘 지으려면 계절에 맞게 씨를 뿌리고 열매를 거두어야 하거든요.

어떻게 하면 계절과 잘 맞는 달력을 만들 수 있을까요? 계절을 좌우하는 것은 해예요. 그러니까 해를 기준으로 달력을 만들면 되지요. 계절이 변하는 이유는 지구가 해의 둘레를 공전하기 때문이에요. 또 하루는 지구가 자전하기 때문이지요. 지구는 자전하면서 공전하는 거예요.

지구는 한 번 공전하는 동안 365번 자전해요. 이 말은 1년이 365일이라는 뜻이에요. 1년 12달에 365일을 일정하게 나누어 주면 3년에 한 번씩 한 달을 넣어 주지 않아도 될 거예요. 이렇게 만든 달력을 양력이라고 해요. 그런데 날짜를 어떻게 나누면 될까요?

365를 12로 나누면 약 30.4가 돼요. 그러니까 양력에서도 음력처럼 한 달의 날짜를 30일과 31일로 번갈아 가며 정하면 되는 거예요. 그럼 1년이 366일이 되니까 어느 한 달에서 하루만 빼면 딱 365일이 되겠지요.

자, 어때요. 양력에서도 큰 달과 작은 달이 있지요? 그런데 실제 달력에서 보면 큰 달과 작은 달이 번갈아 나타나지 않아요. 또 2월은 28일밖에 없지요. 그건 달력을 만들 때 권력을 쥐고 있던 사람들이 마음대로 한 달의 날짜 수를 바꿔서 그래요. 어쨌든 '한 달이 크면 한 달이 작다'라는 속담은 양력에서도 맞는 거예요.

이번 시험 성적이 좋지 않아 우울하다고요? 기운 내세요. 좀 더 열심히 하면 다음에는 좋은 성적을 낼 수 있을 거예요. 이번 달에 착한 어린이 상을 받았다고요? 너무 뽐내지 마세요. 그렇게 뽐내다가는 다음 달 인기투표에서 꼴찌를 할지도 모르잖아요. 좋은 일이 있으면 나쁜 일이 있고, 또 나쁜 일이 있으면 좋은 일도 있는 거예요.

 쥐구멍에도 볕 들 날이 있다

 가난하고, 키가 작고, 못생기고, 공부도 못하던 친구가 있었어요. 쾌활한 성격으로 친구들을 즐겁게 해 주었지만, 친구들은 그냥 별 볼 일 없는 아이로만 생각했어요. 사회에 나가서도 온갖 고생을 다 했지요. 그런데 지금은 그게 아니에요. 우리나라에서 가장 유명한 개그맨이 되었거든요. 이제 돈도 많이 벌고 인기도 최고예요.
 '쥐구멍에도 볕 들 날이 있다'라는 속담은 바로 그런 친구처럼 어렵게 고생하던 사람도 잘 풀릴 때가 있다는 뜻이지요.
 요즘에는 많은 사람들이 아파트에 살지만 옛날에는 개인 주택에 많이 살았어요. 개인 주택에서 햇볕이 가장 들지 않는 곳 중의 하나가 바로 쥐구멍이에요. 쥐는 사람들 눈을 피해 구석에 뚫린 쥐구멍에서 살았거든요. 햇볕이 쨍쨍 내리쬐는 낮에도 쥐구멍은 늘 어둡고 차가워요. 개그맨이 된 친구의 어린 시절과 비슷한 신세인 거예요. 그런데 정말 쥐구멍에도 볕 들 날이 있는 것일까요?

계절에 따라 다른 해의 고도

햇빛과 햇볕이란 말은 좀 헷갈리기도 해요. 햇빛은 밝은 기운, 햇볕은 따뜻한 기운을 말하지요. 햇빛과 햇볕은 모두 태양에서 나오는 에너지예요. 그러니까 뜻이 좀 다를 뿐 그냥 비슷한 뜻으로 쓰기도 해요. 여기에서도 편하게 쓸 테니까 헷갈리지 않도록 하세요. 따뜻한 기운은 몸의 느낌이고, 밝은 기운은 눈의 느낌이에요. 그러니까 눈에 보이는 것을 말할 때에는 햇빛이란 말을 쓸게요.

쥐구멍은 보통 옆으로 뚫려 있어요. 이 쥐구멍에 햇볕이 들려면 해가 옆에서 비춰야 해요. 해는 아침에 동쪽 지평선에서 떠서 저녁에 서

쪽 지평선으로 져요. 해의 고도는 그동안 점점 높아졌다가 다시 낮아지지요. 그러니까 해가 낮게 떠 있는 아침과 저녁에는 해가 옆에서 비추니까 쥐구멍에도 볕 들 때가 있을 거예요. 그렇다면 낮에는 어떨까요? 낮에도 쥐구멍에 볕 들 날이 있어요.

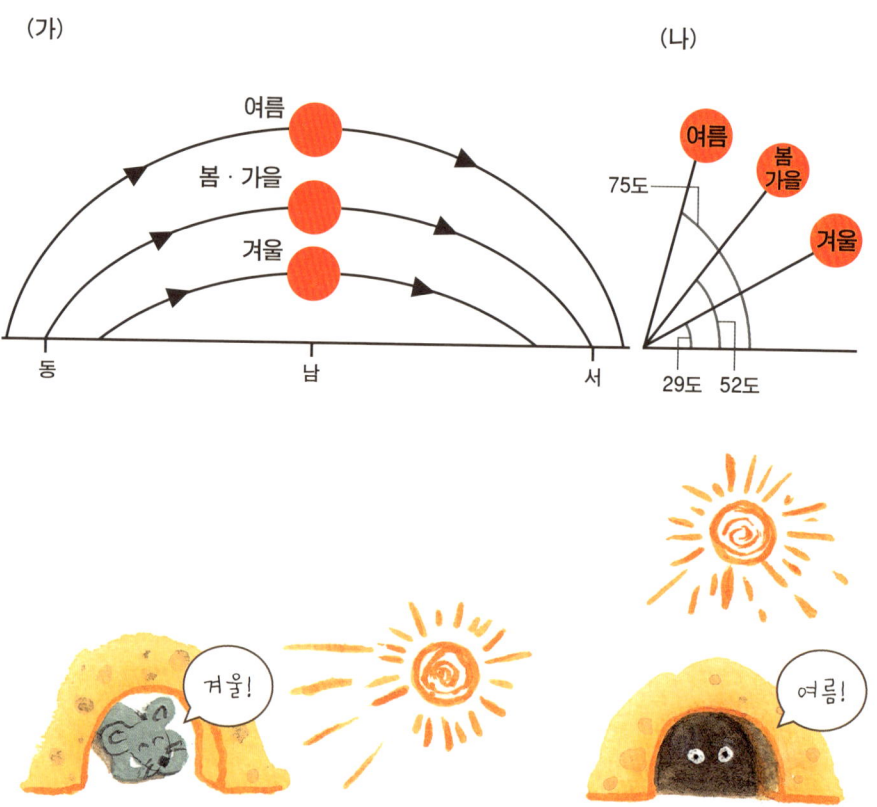

먼저, 해의 고도가 계절에 따라 어떻게 달라지는지 알아보기로 해요. 해의 고도는 해가 정남쪽에 왔을 때 가장 높아져요. 그림 (가)는 계절에 따라 해가 어떻게 떠서 어떻게 지는지를 나타내요. 그림 (나)는 그림 (가)를 옆에서 본 모습이에요. 해의 고도가 얼마나 달라지는지 알 수 있겠지요?

해의 고도는 그 지역의 위도에 따라 달라져요. 이 그림은 우리나라의 서울에서 잰 해의 고도를 나타내고 있어요. 여름과 겨울의 고도 차이가 무려 46도나 되지요. 여름에는 해의 고도가 높기 때문에 햇빛이 위에서 아래로 비춰요. 그러니 쥐구멍에 볕이 들기 어려울 거예요. 하지만 겨울에는 한낮에도 해가 아주 낮게 떠 있어요. 이때에는 햇빛이 비스듬히 비추니 쥐구멍에도 볕이 들지 않겠어요?

겨울에 햇빛이 더 깊숙이 비춘다는 것은 집에서도 쉽게 경험할 수 있어요. 거실 유리창은 주로 남쪽을 향해 나 있어요. 거실 유리창을 통해 들어오는 햇빛이 어디까지 비추는지 한번 살펴보세요. 여름에는 거실 유리창 가까운 곳만 환할 거예요. 하지만 겨울에는 햇빛이 거실을 가로질러 건넌방까지 환히 비출걸요.

 **기울어진 지구의 자전축**

쥐구멍은 평소에도 춥고 어두운데 겨울에는 얼마나 춥겠어요. 다행히 겨울에는 해가 낮게 뜨기 때문에 쥐구멍에도 햇볕이 들 수 있어요. 그런데 어째서 해의 고도가 계절에 따라 달라지는 것일까요?

지구는 해의 둘레를 공전해요. 해가 운동장 가운데에 있으면 지구는 운동장을 도는 거지요. 지구가 한 번 공전하는 데 걸리는 시간이 1년이에요. 또 지구는 자전축을 중심으로 자전하기도 해요. 그런데 지구의 자전축은 약간 기울어져 있어요. 우리가 운동장에서 똑바로 서 있지 않고 약간 삐딱하게 서 있는 것과 비슷하지요.

자전축이 똑바로 서 있다면 어떻게 될까요? 그럼 햇빛은 언제나 적도를 수직으로 비출 거예요. 하지만 자전축이 기울어져 있기 때문에 햇빛이 수직으로 비추는 곳은 지구의 위치에 따라 달라져요. 여름에는 그림처럼 해가 수직으로 비추는 곳이 북반구에 있어요. 따라서 우리나라에서도 해의 고도가 높지요. 해의 고도가 높으면 햇볕이 강하게 내리쬐지요. 그래서 북반구에서는 여름이 더운 거예요.

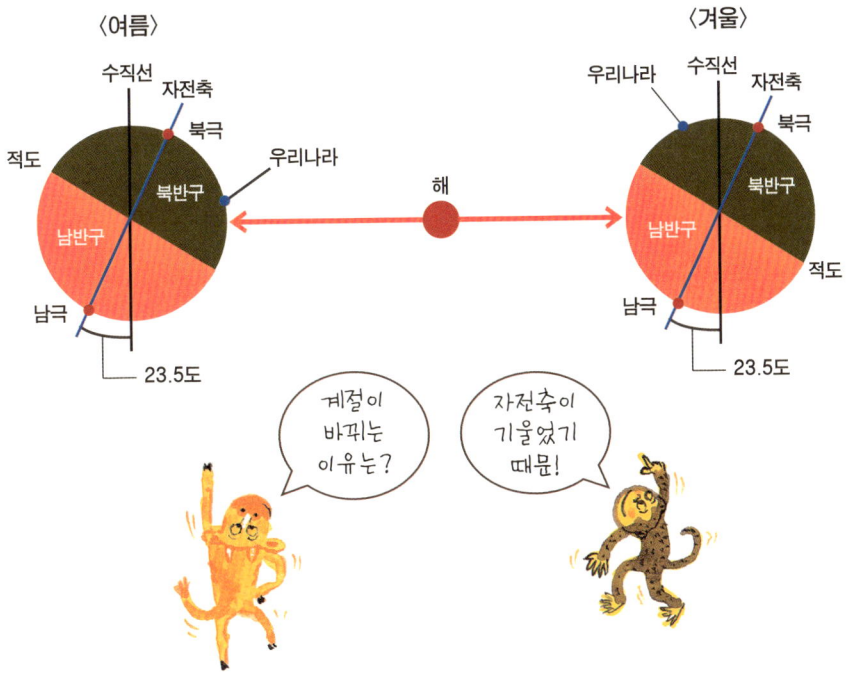

　지구가 공전하여 가을 위치에 놓일 때에는 해가 적도를 수직으로 비춰요. 그리고 겨울 위치에서는 해가 수직으로 비추는 곳이 남반구에 있지요. 따라서 우리나라에서는 해의 고도가 낮아요. 해의 고도가 낮으면 햇볕이 약하게 내리쬐어요. 그래서 북반구에서는 겨울이 추운 거예요. 물론 북반구가 겨울일 때 남반구는 여름이지요. 지구가 봄의 위치에 오면 해는 다시 적도를 수직으로 비추게 돼요. 사계절이 찾아오는 것은 지구가 약간 기울어져 있기 때문이에요. 놀라운 자연의 신비가 아닐 수 없지요?

 **그림자 길이로 1년의 길이를 잰다**

요즘에는 누구나 1년이 365일이라는 것을 알고 있어요. 그런데 맨 처음 달력을 만든 사람은 이 사실을 어떻게 알아냈을까요? 쉬울 것 같으면서도 아주 까다로운 문제예요. 힌트는 해의 고도가 매일 바뀐다는 거예요. 이제 알겠다고요? 맞아요. 옛날 사람들은 매일 해의 고도를 재 1년의 길이를 알아냈어요.

사실 옛날 사람들이 잰 것은 해의 고도가 아니라 그림자의 길이에요. 해의 고도가 높으면 그림자가 짧고 해의 고도가 낮으면 그림자가 길잖아요. 그림자의 길이 변화는 해의 고도 변화와 마찬가지인 셈이에요. 게다가 해의 고도보다는 그림자의 길이를 재는 것이 훨씬 편하지요.

자, 그럼 옛날 사람들이 1년의 길이를 어떻게 쟀는지 알아보기로 해요.

먼저 평평한 곳에 막대를 수직으로 세워요. 해가 정남쪽에 왔을 때 그림자가 북쪽으로 드리워질 거예요. 그 그림자를 따라 선을 긋고 눈금을 그려요. 눈금의 숫자를 읽으면 그림자의 길이를 잴 수 있지요. 그런데 정남쪽은 어떻게 아냐고요? 하루 중 그림자가 가장 길 때 해가 보이는 방향이 정남쪽이에요.

첫째 날, 둘째 날, 셋째 날……. 그림자의 길이는 늘어나기도 하고 줄어들기도 하면서 변할 거예요. 그리고 366일째가 되는 날, 그림자의 길이는 다시 첫째 날과 같아져요. 1년이 지나고 다시 첫째 날이 된 거예요!

그림자 길이의 변화를 그래프로 나타내 볼까요? 이 그래프만 있으면 달력을 만들 수 있어요. 1월 1일을 언제로 정하든 그건 달력 만드는 사람 마음이에요.

기왕이면 그림자의 길이가 가장

눈금을 긋자!

오늘이 동지니까 그림자가 아주 길지?

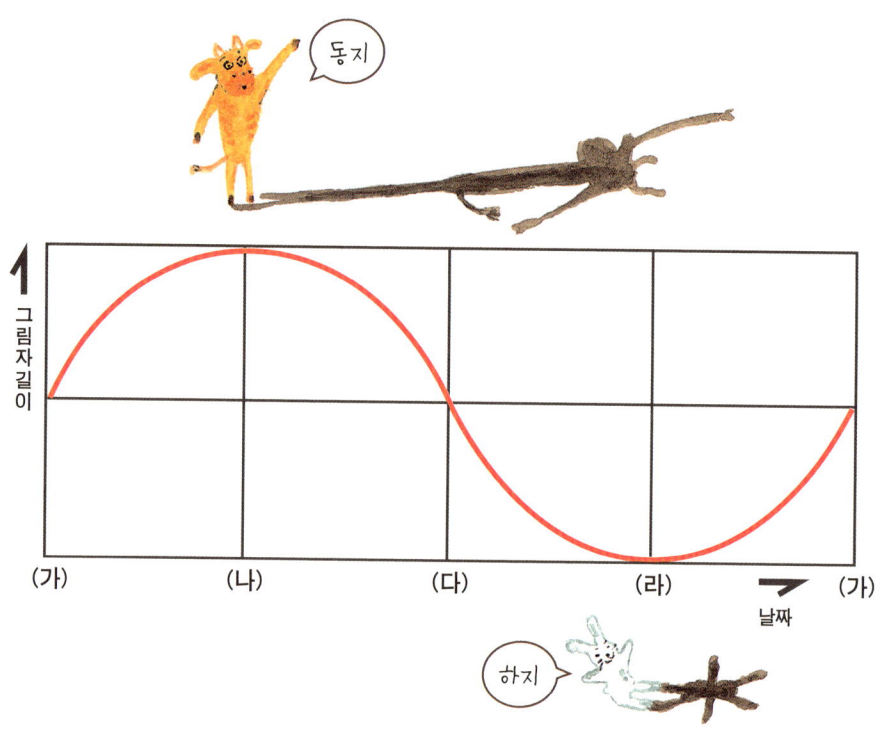

긴 (나)를 새해의 첫날로 정하면 좋겠지요. 그림자의 길이는 이날부터 점점 짧아져요. 또 이날부터 낮의 길이가 조금씩 길어지기 시작해요. 지금 우리가 쓰는 달력에서는 새해 첫날이 좀 어정쩡해요. (나)는 12월 22일쯤 되거든요. 1년 중 낮이 가장 짧은 이날을 동지라고 해요.

(다)는 3월 21일쯤 돼요. 이날을 춘분이라고 하지요. (라)는 6월 21일쯤 되는데, 이날을 하지라고 해요. 1년 중 낮이 가장 긴 날이에요. 물론 아주 더운 날이지요. 그리고 (가)는 9월 23일쯤 되는데, 이날을 추분이라고 하지요.

옛날 사람들은 참 간단한 방법으로 달력을 만들 줄 알았어요. 물론 정확한 달력을 만들기 위해 수많은 사람들이 노력했지요. 그런 노력 덕분에 지금 우리가 이렇게 편하게 사는 거예요. 또 그런 노력이 있어야 언젠가 쥐구멍에도 볕 들 날이 찾아올 거예요. 아무 노력 없이 잘 되기만 바라다가는 쥐구멍이라도 찾고 싶은 심정이 되지 않겠어요?

7 빈 수레가 더 요란하다

악기를 잘 다룬다고 떠벌리는 친구가 있어요. 피아노, 바이올린, 드럼까지 못 다루는 악기가 없다고 악기 천재로 소문이 났지요. 학예회 때 선생님께서는 그 친구에게 악기 연주 발표를 맡겼어요.

그런데 이게 웬일이에요. 그 친구는 피아노 학원, 바이올린 학원, 드럼 학원에 딱 한 달씩만 다닌 거예요. 여러 악기를 다뤄 봤지만 제대로 연주할 수 있는 악기는 하나도 없었지요. 이번 속담은 바로 그런 친구에게 딱 어울리는 속담이에요. 아는 게 별로 없는 사람이 아는 척하고 떠들어 댄다는 뜻이니까요.

소리는 물체가 진동하기 때문에 생겨요. 소리는 물체를 세게 두드릴수록 더 크게 나지요. 또 같은 세기로 두드려도 더 큰 폭으로 진동하는 물체일수록 큰 소리를 내요. 그럼 이 두 가지 사실을 중심으로 짐을 가득 실은 수레보다 빈 수레가 어째서 더 요란한지 알아보기로 해요.

세게 두드리면 큰 소리가 난다

땅속 깊은 곳에 큰 충격이 생기면 지진이 일어나요. 지진이 일어나면 지진파가 사방으로 퍼져 나가는데, 그동안 땅이 마구 흔들리지요. 마치 연못에 돌을 던지면 물결이 사방으로 퍼져 나가는 것처럼 말이에요. 물결이 퍼져 나가는 동안 물 위에 뜬 나뭇잎은 위아래로 흔들릴 거예요.

지진에도 세기가 있어요. 땅이 많이 흔들릴수록 센 지진이지요. 과학자들은 지진계를 이용해 지진의 세기를 잴 수 있어요. 다음 그림을 보며 지진계의 간단한 작동 원리를 알아보기로 해요.

지진계에서 가장 중요한 역할을 하는 것은 추예요. 땅이 위아래로 흔들릴 때 지진계의 모든 부분은 땅과 함께 흔들리지만 추는 공중의 제자리에 거의 멈춰 있거든요. 관성 때문이에요. 물체는 운동 상태를 바꾸지 않으려는 성질을 가지고 있어요. 운동하는 물체는 계속 운동하려 하고, 멈춰 있는 물체는 계속 멈춰 있으려는 거지요. 그런 성질을 관성이라고 해요. 관성의 힘은 무거울수록 커요. 물체가 무거울수록 잘 움직이지 않는 거지요.

받침대는 땅에 고정되어 있어요. 그래서 지진이 일어나면 지진계

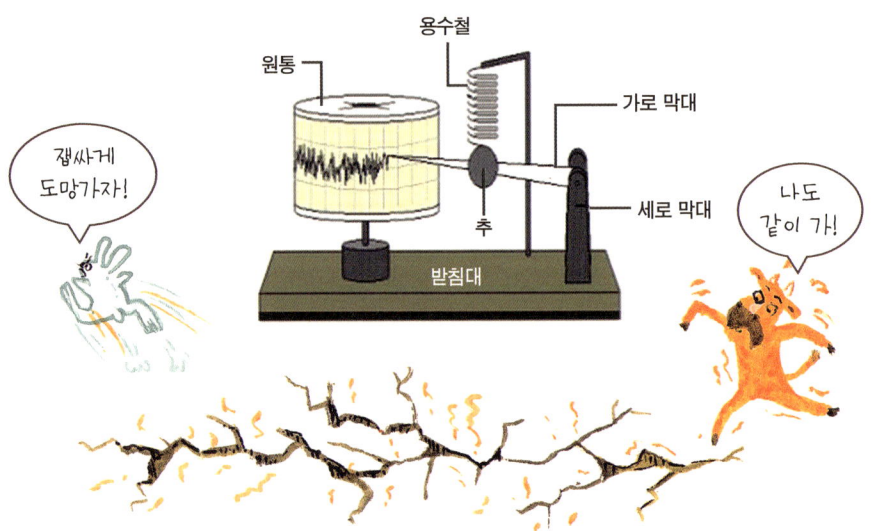

는 땅과 함께 위아래로 흔들리지요. 그런데 추는 관성 때문에 제자리에 멈춰 있어요. 용수철만 늘고 줄기를 반복할 뿐이지요. 가로 막대 끝의 펜도 추 때문에 움직이지 않지요. 그 결과 원통의 표면에 땅의 진동이 그려지게 되는 거예요.

수레는 울퉁불퉁한 길을 지나는 동안 위아래로 진동해요. 이때 짐을 많이 실어 무거운 수레와 텅 비어 가벼운 수레 중 어느 것이 더 많이 덜커덩거리겠어요? 지진계에서는 추가 무겁기 때문에 잘 움직이지 않아요. 그처럼 수레도 무거울수록 위아래로 진동하는 폭이 더 작아요. 빈 수레는 관성이 작기 때문에 조그만 돌부리에도 위아래로 심하게 진동하지요. 그럼 수레가 땅에 심하게 부딪치면서 큰 소리를 내지 않겠어요?

공명통으로 소리를 크게 만든다

컴퓨터에는 열을 식히는 여러 가지 팬이 있어요. 컴퓨터에서 나는 소음은 팬이 돌아가면서 내는 소리예요. 그런데 컴퓨터를 책상에 올

려놓으면 소음이 더 커져요. 컴퓨터의 소음이 책상을 울리기 때문이지요. 그럴 때의 책상처럼 소리를 더 크게 만드는 판을 공명판이라고 해요. 악기는 이런 효과를 잘 이용해서 아름답고 큰 소리를 내도록 만든 도구예요.

거문고는 고구려의 왕산악이라는 사람이 만든 우리나라 악기예요. 기다란 나무판에 명주실을 꼬아 만든 줄 여섯 개가 걸려 있지요. 이 줄을 퉁기면 아름다운 소리가 나는 거예요. 겉보기에는 하나의 나무판처럼 보이지만 사실 거문고는 두 겹의 나무로 만든 통이에요. 앞면은 오동나무, 뒷면은 밤나무로 만든 판을 붙여 기다랗고 얇은 상자 모양을 하고 있지요.

줄을 퉁겨 소리를 내는 악기를 현악기라고 해요. 대부분의 현악기는 거문고처럼 통으로 만들어요. 줄을 퉁기면 통이 함께 울리면서 아름답고 큰 소리를 내거든요. 이 통을 공명통이라고 하지요. 피아노와

바이올린의 몸체도 모두 공명통의 역할을 해요.

곤충은 몸을 악기 삼아 멋진 소리를 내지요. 곤충들의 울음소리는 짝을 찾기 위해 내는 소리래요. 그런데 어떻게 소리를 내는 것일까요? 여치나 베짱이 같은 메뚜기 무리의 곤충은 다리나 날개를 비벼서 소리를 내요. 매미는 배에 있는 얇은 막을 진동시켜서 소리를 내지요. 매미는 공명통을 잘 이용하는 곤충이에요. 매미의 배는 거의 비어 있기 때문에 공명통 역할을 제대로 하고 있어요. 이 공명통이 소리를 크게 만들어 주기 때문에 매미 울음소리가 다른 곤충에 비해 훨씬 우렁찬 거예요.

만일 공명통이 비어 있지 않고 무언가로 가득 차 있다면 어떻게 될까요? 소리가 작아지겠지요. 빈 수레는 그 자체가 공명판이나 공명통 역할을 해요. 그래서 더 요란한 거예요.

수레의 짐이 소리를 흡수한다

지금까지 빈 수레가 더 요란한 이유를 두 가지 살펴보았어요. 첫

째, 가벼울수록 관성이 작아지기 때문에 울퉁불퉁한 길에서 빈 수레가 더 세게 부딪친다는 거예요. 둘째, 빈 수레가 공명통 역할을 한다는 거지요. 그럼 한 가지 이유만 더 알아보기로 해요.

가족 여행을 갔어요. 부모님과 함께 잠을 자는데 아빠 코고는 소리가 너무 큰 거예요. 이럴 때 이불을 푹 뒤집어쓰면 소리가 많이 약해져요. 이불이 소리를 흡수하기 때문이에요. 물론 코를 고는 아빠에게 이불을 푹 씌워 드려도 마찬가지겠지요. 솜이나 스펀지 같은 물질은 소리를 잘 흡수해요. 소리를 잘 흡수하는 것은 눈도 마찬가지예요. 눈 오는 날은 자동차 소리가 작게 들릴걸요.

옛날에는 수레로 짐을 날랐어요. 그런데 그 짐이 무엇이었을까요? 우리나라 사람들은 대부분 농사를 짓고 살았어요. 그러니 짐도 대부분 농산물이었을 거예요. 쌀가마니나 볏단 같은 것 말이에요. 또는 소금가마니나 나뭇짐이었을 수도 있겠지요. 어쨌든 이런 짐들은 어느 정도 수레에서 나는 소리를 흡수했을 거예요.

 자, 이제 눈을 감고 가만히 상상해 보세요. 돌부리가 삐죽삐죽 튀어나온 시골 길을 수레가 지나고 있어요. 짐이 없어 텅 빈 수레는 아주 가볍지요. 수레의 바퀴가 돌부리에 걸리면 수레는 위로 팅겨 올라갈 거예요. 그리고 다시 떨어질 때 땅에 쾅 부딪치며 요란한 소리를 내겠지요. 빈 수레 자체는 공명통 역할을 해요. 또 소리를 흡수하는 짐이 없어서 소리는 더욱 크게 퍼져나가지요.

 사람은 누구나 무언가 자랑하고 싶어 해요. 또 요즘에는 자신을 널리 알려야 성공할 수 있다고 해요. 하지만 잘 생각해 보세요. 텔레비전에 나올 만큼 유명해졌다고 해도 남들에게 보여 줄 것이 없다면 금세 인기를 잃을 거예요. 자신의 능력을 떳떳이 보여 줄 수 있을 때까지는 너무 나서지 말고 끈기 있게 노력해야 해요. 실력도 없이 큰소리만 치다가는 '빈 수레가 더 요란하다'라는 말을 듣게 될지도 모르니까요.

8 얼음에 박 밀듯

영국의 다니엘 타멧이라는 청년은 자폐증을 앓고 있어요. 자폐증을 앓는 사람은 다른 사람들과 어울려 사는 데 필요한 여러 가지 능력이 부족해요. 양치질이나 운동화 끈 매는 것도 어려워하지요. 그런데 이런 사람들 중에는 아주 뛰어난 능력을 가진 사람도 있대요. 타멧은 5시간 9분 동안 원주율을 소수점 이하 숫자 22514자리까지 정확하게 외웠다고 해요.

원주율은 원둘레의 길이를 지름의 길이로 나눈 값이에요. 원주율은 정확히 떨어지지 않고 소수점 아래로 끝없이 이어지는 숫자예요.

3.141592653589793……. 이 숫자를 200개만 외워도 영재 소리를 듣는다는군요. 그런데 타멧은 영재보다 100배나 더 많은 숫자를 외운 거예요.

속담을 잘 아는 사람은 타멧을 보고 이렇게 말할 거예요.

"원주율을 얼음에 박 밀듯 외우는군."

이 속담은 말이나 글을 거침없이 술술 외우거나 읽는다는 뜻이에요.

 **운동을 방해하는 힘, 마찰력**

흥부전을 모르는 사람은 없을 거예요. 흥부가 박을 반으로 자르자 박 속에서는 금은보화가 쏟아져 나왔지요. 속담의 박은 바로 그 식물을 말해요. 덩굴식물인 박은 크고 탐스런 열매를 맺어요. 박은 식물 이름이면서 그 열매를 뜻하지요. 또 박을 반으로 자르고 말려서 만든 바가지를 뜻하기도 해요.

얼음 위에서 박을 밀면 거침없이 잘 미끄러져요. 그 이유를 알려면 먼저 마찰에 대해 알고 있어야 해요.

나무판 위에 나무 도막이 있어요. 이 나무 도막을 밀어 보세요. 힘이 필요할 거예요. 무언가 나무 도막의 운동을 방해하는 거지요. 이 힘을 마찰력이라고 해요. 사실 나무 도막에 작용하는 힘은 중력밖에 없어요. 그런데 나무 도막을 밀면 움직이는 방향과 반대 방향으로 마찰력이 작용해요. 마찰력은 나무판과 나무 도막이 닿는 접촉면이 거칠기 때문에 생기는 힘이에요.

마찰력은 참 신기한 힘이에요. 미는 힘이 작용하지 않으면 마찰력이 없어요. 우리가 밀기 시작하면 마찰력이 생기지요. 나무 도막이 움직이지 않는 동안 마찰력의 크기는 미는 힘과 같아요. 나무 도막을 조

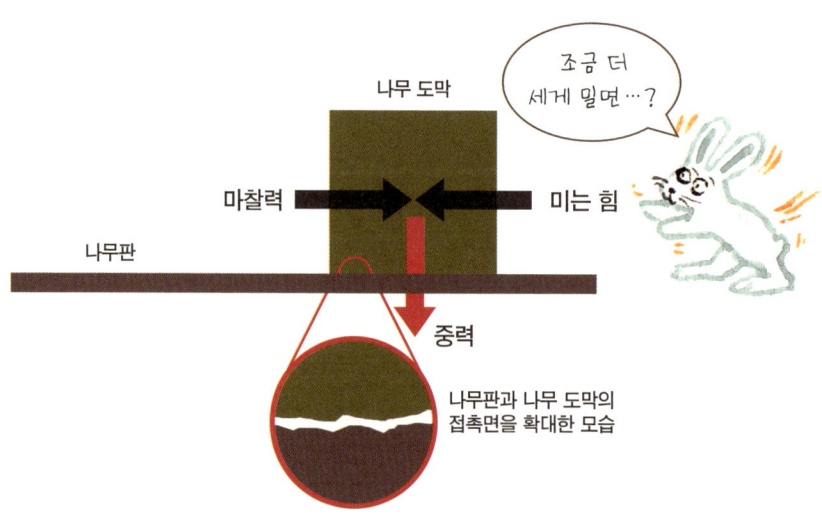

80

금 세게 밀면 마찰력도 커지지요. 그래서 작은 힘으로 살짝 밀면 나무 도막이 움직이지 않는 거예요. 두 힘이 같으니까 어느 쪽으로도 움직이지 않는 거예요.

나무 도막을 점점 더 세게 밀면 마찰력도 점점 늘어날 거예요. 그런데 마찰력에는 한계가 있어요. 그 한계 마찰력보다 센 힘으로 밀면 나무 도막은 버티지 못하고 움직이기 시작하지요. 한계 마찰력을 결정하는 요인은 무게와 표면의 거칠기예요. 나무 도막이 무겁고 표면이 거칠수록 한계 마찰력이 더 커지지요.

박의 표면은 마치 수박의 표면처럼 매끈매끈해요. 박을 말려 만든 바가지의 표면은 더욱 매끄럽고 단단하지요. 따라서 같은 무게의 다른 물체들보다 마찰력이 작아요. 그러니 박을 미는 것이 참 쉽지 않겠어요?

얼음이 미끄러운 이유

두 손바닥을 서로 문질러 보세요. 이번에는 로션을 바르고 두 손바

닥을 문질러 보세요. 로션을 바르면 손바닥이 훨씬 미끄러워요. 손바닥의 거친 부분을 로션이 메워 매끈해지기 때문이에요. 뻑뻑한 기계에 기름을 치는 것도 마찬가지 이유예요. 이처럼 거친 표면을 메워 잘 미끄러지게 만드는 물질을 윤활유라고 해요.

　욕실에서는 미끄러지지 않게 조심해야 해요. 바닥의 물기가 윤활유 역할을 하기 때문이지요. 그런데 얼음 위에서는 무엇 때문에 잘 미끄러지는 것일까요? 그 비밀은 바로 압력에 있어요.

　눈싸움을 할 때 두 손으로 눈을 꽁꽁 뭉쳐서 눈 공을 만들어요. 두 손으로 눈을 누르면 눈이 압력을 받지요. 눈은 압력을 받으면 약간 녹아요. 이때 생기는 물기 때문에 눈이 꽁꽁 다져지는 거예요. 스키를

탈 때에도 마찬가지예요. 우리 몸의 무게 때문에 스키 밑의 눈이 살짝 녹고, 그 녹은 물이 스키와 눈 사이의 마찰력을 줄여 주지요.

눈뿐 아니라 얼음도 압력 때문에 녹아요. 스케이트 탈 때를 생각해 보세요. 우리 몸이 스케이트 날을 누르고, 스케이트 날은 얼음을 눌러요. 스케이트 날은 아주 가늘기 때문에 얼음에 더욱 센 압력을 미치지요. 그럼 스케이트 날 밑의 얼음이 녹아 물이 돼요. 그 물 때문에 스케이트 날이 잘 미끄러지는 거예요.

옛날 사람들도 물체가 얼음 위에서 잘 미끄러진다는 사실을 알고 있었어요. 박은 땅바닥에서도 다른 물체보다 잘 미끄러져요. 그러니 얼음 위에서는 얼마나 잘 미끄러지겠어요? 그런데 사실 박을 땅 위보다 얼음 위에서 밀기가 더 어려울 거예요. 미는 사람이 미끄러질 수 있으니까요. 하지만 옛날 사람들은 땅에서도 잘 미끄러지는 박을 얼음에서 미는 것처럼 쉽다는 뜻으로 이 속담을 만든 거예요. 좀 과장된 속담이라고 할 수 있는 거지요.

공을 끌 때와 굴릴 때

박과 비슷한 크기의 쇠공이 있어요. 이 쇠공에 사슬을 달고 끌기는 꽤 힘들 거예요. 하지만 쇠공을 굴리기는 훨씬 쉬워요. 이 둘의 차이는 무엇일까요? 쇠공을 끄는 것보다 굴릴 때 마찰력이 더 작다는 거지요.

괴력의 사나이들을 소개하는 텔레비전 프로그램을 본 적 있나요? 어떤 사람은 혼자 커다란 버스나 비행기를 끌기도 해요. 만일 바퀴가 달려 있지 않다면 아무리 힘센 사람도 버스나 비행기를 끌 수는 없을 거예요.

옛날 사람들도 이 원리를 알고 있었어요. 바퀴는 바로 이 원리를

이용해 만든 도구지요. 바퀴는 맨 처음에는 둥근 통나무로부터 시작되었어요. 무거운 물건을 여러 개의 통나무 위에 올려놓고 밀면, 통나무가 굴러가면서 그 위의 물건이 이동하는 것이지요. 이때 한 가지 불편한 점이 있어요. 물건이 이동함에 따라 통나무를 앞으로 옮겨야 한다는 거예요.

통나무를 물건과 함께 이동시킬 수는 없는지 궁금해지지 않았을까요? 바퀴는 이런 아이디어에서 만들어졌어요. 둥근 통나무를 적당한 두께로 잘라 축에 연결시켜요. 그 위에 받침대를 올려놓으면 멋진 수

초가지붕 위에 탐스럽게 열린 박의 열매. 삶거나 말려서 바가지를 만들고 속은 먹는다. 아프리카, 아시아가 원산지이며, 밭이나 인가의 담과 지붕에 올려 재배한다. 한국, 중국, 일본 등지에 분포한다.

레가 될 거예요. 이런 바퀴는 기원전 5000년쯤 메소포타미아에서 처음 만들어졌다고 해요. 그 후 바퀴살이 발명되면서 바퀴는 더욱 가볍고 빨라지게 되었고, 가죽이나 금속을 덧붙인 바퀴를 거쳐 오늘날의 고무바퀴까지 발전하게 되었지요.

속담에서 말하는 박이 바가지가 아니라 공처럼 둥근 박의 열매라고 생각해 보세요. 그럼 박을 밀면 바퀴처럼 데굴데굴 굴러갈 거예요. 아마 얼음 위에서는 한 번 밀면 저 끝까지 굴러갈걸요. 그처럼 쉽다는 뜻이에요. 이제 '얼음에 박 밀듯' 한다는 것이 얼마나 쉽게 하는 일인지 알겠지요?

영어로 외국 사람과 자유롭게 말하고 싶다고요? 처음부터 어떤 일에 능숙한 사람은 아무도 없어요. 원주율을 술술 외는 사람은 특수한 경우에 지나지 않지요. 발명왕 에디슨도 '천재는 99퍼센트의 노력과 1퍼센트의 영감으로 만들어진다'고 말했잖아요. 하루도 빠짐없이 영어 공부를 해 봐요. 그럼 언젠가 얼음에 박 밀듯이 영어를 술술 말할 수 있게 될 거예요.

9 공중을 쏘아도 알과녁만 맞힌다

태권도 대회 때였어요. 실력은 없고 폼만 잡는 친구가 있었지요. 그런데 그 친구가 금메달을 땄어요. 어찌된 일이냐고요? 1회전에서는 상대가 발차기를 하다 미끄러져 발목을 접질렸어요. 2회전에서는 상대가 물을 먹고 체했다나요. 3회전에서는 강력한 우승 후보였던 상대가 2회전의 부상으로 힘을 제대로 쓰질 못했지요. 친구는 기합 소리만 크게 지르다 우승한 거예요.

감독님께서는 크게 기뻐하시며 이렇게 말씀하셨어요.

"공중을 쏘아도 알과녁만 맞힌다는 속담이 바로 너를 두고 한 말이었구나."

알과녁은 과녁의 한가운데를 말해요. 이 속담은 크게 애쓰지도 않았는데 일이 제대로 잘 이루어졌다는 뜻이에요. 그런데 정말 활을 공중으로 쏘아도 알과녁을 맞힐 수 있는 것일까요? 이 속담에 숨은 과학을 찾으려면 물체에 작용하는 힘과 물체의 운동에 대해 알아야 해요.

등속운동과 가속운동

물체의 위치가 이동하는 것을 운동이라고 해요. 특히 속도가 일정한 운동을 등속운동이라고 하지요. 등속이란 속도가 일정하다는 뜻이에요. 흔히 운동하는 물체에는 힘이 작용한다고 생각하기 쉬워요. 하지만 등속운동에는 힘이 필요 없어요. 물론 우리 주변에서는 등속운동을 하는 물체에도 힘이 작용해요. 그건 마찰력이 작용하기 때문이에요.

도로 위에서 일정한 속도로 달리는 자동차를 생각해 봐요. 만일 달리는 자동차의 엔진을 끈다면 자동차는 얼마 가지 못해 멈출 거예요. 타이어와 도로 사이에 마찰력이 작용하기 때문이지요. 엔진이 그 마찰력과 같은 힘을 내면 자동차는 일정한 속도로 달릴 수 있어요. 마찰력은 공중에서도 작용해요. 공기가 있기 때문이에요. 비행기가 일정한 속도로 날아가려면 엔진의 힘이 받쳐 주어야 해요.

그럼 마찰력이 없는 우주 공간에서는 어떨까요? 로켓 엔진을 꺼도 로켓은 일정한 속도로 영원히 날아갈 거예요. 물체는 자신의 운동 상태를 유지하려는 성질을 가지고 있어요. 그 성질을 관성이라고 하지요. 힘을 주지 않아도 물체가 일정한 속도로 달리는 이유는 바로 관성 때문이에요.

우주 공간에서 로켓 엔진을 계속 분사시키면 로켓의 속도는 점점 빨라져요. 또 로켓 엔진을 반대 방향으로 분사하면 로켓의 속도가 점점 느려지지요. 그러다 언젠가는 반대 방향으로 날아갈 거예요. 이처럼 물체의 속도가 변하는 운동을 가속운동이라고 해요.

자, 알과녁에 정확히 조준하고 활을 쏘았어요. 화살은 쌩 소리를 내며 날아가지요. 화살은 점점 느려져요. 공기의 마찰력이 계속 방해하기 때문이에요. 그래서 같은 1초 동안 날아가는 거리가 점점 짧

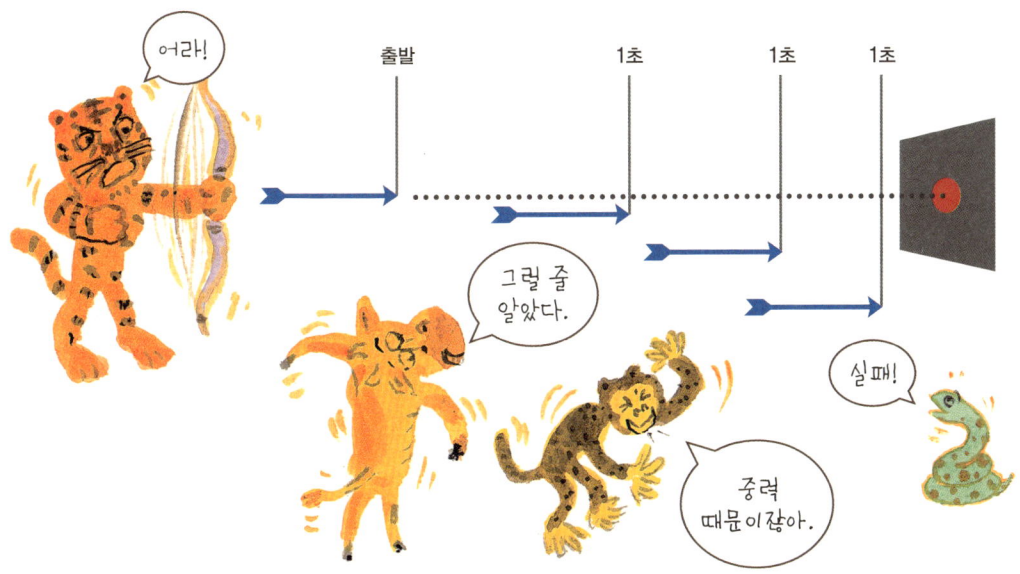

아지지요. 그렇더라도 정확히 조준했으니 화살이 알과녁에 맞을 거라고요? 어? 그런데 화살이 점점 아래로 떨어져요. 왜 그럴까요? 무엇인가 화살을 아래쪽으로 끌어당기기 때문이에요. 그것은 바로 중력이에요.

 **모든 물체는 같은 속도로 떨어진다**

나뭇잎과 돌을 같은 높이에서 동시에 떨어뜨려 보세요. 돌이 먼저

땅에 떨어질 거예요. 돌이 나뭇잎보다 무거우니 당연하다고요? 그렇지 않아요. 모든 물체는 같은 속도로 떨어지지요. 그런데 나뭇잎에는 공기의 마찰력이 더 작용해요. 그래서 나뭇잎이 천천히 떨어지는 것뿐이에요.

공기가 없는 곳에서는 돌과 나뭇잎이 같은 속도로 떨어질 거예요. 그런데 좀 이상한 게 있어요. 무겁다는 것은 지구가 그만큼 세게 끌어당긴다는 뜻이잖아요. 돌이 무거우니 지구가 돌을 끌어당기는 힘

이 나뭇잎을 끌어당기는 힘보다 더 클 거 아니에요. 돌을 더 세게 끌어당기는데 어째서 같은 속도로 떨어진다는 것일까요?

무거운 물체와 가벼운 물체를 같은 힘으로 밀어 보세요. 가벼운 물체가 훨씬 빠르게 움직일 거예요. 무거운 물체일수록 움직이기 힘들거든요. 두 물체를 같은 속도로 움직이려면 무거운 물체에 더 큰 힘을 주어야 해요.

지구는 틀림없이 돌을 더 세게 끌어당겨요. 하지만 돌을 움직이는 데에는 그만큼 더 힘이 들어요. 즉 무거운 만큼 속도가 느려지는 거예요. 나뭇잎은 가벼운 만큼 지구가 약하게 끌어당기지만, 작은 힘으로 끌어당겨도 속도는 빨라지지요. 그래서 공기가 없는 곳에서 모든 물체는 무게에 관계 없이 같은 속도로 떨어지는 거예요.

이번에는 돌을 옆으로 던져 보세요. 돌이 옆으로 날아가는 동안 두 가지 힘이 작용해요. 공기의 마찰력과 중력이에요. 공기의 마찰력은 돌이 날아가는 방향과 반대 방향으로 작용해요. 중력은 아래쪽으로 작용하지요. 이 두 가지 힘 때문에 돌은 점점 아래쪽으로 떨어지면서 날아가지요. 마치 과녁을 향해 날아가는 화살이 점점 땅으로 떨어지는 것처럼 말이에요.

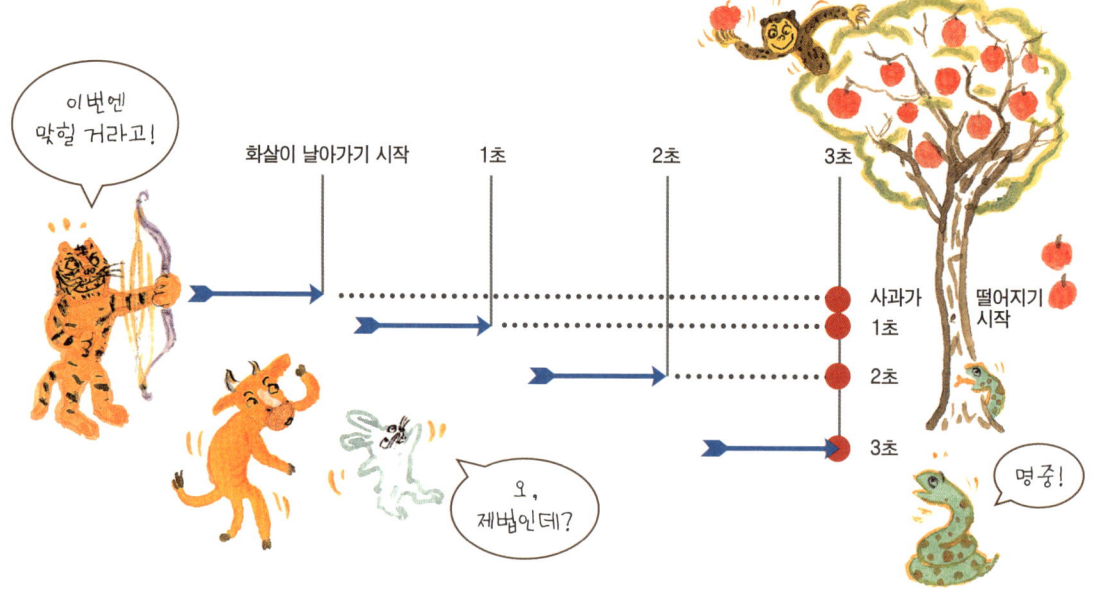

여기에서 문제 하나 풀어 보기로 해요. 나무에 매달린 사과를 조준하고 활을 쏘았어요. 화살이 활시위를 떠날 때 사과가 나무에서 떨어지기 시작했지요. 그럼 화살은 사과를 맞힐 수 있을까요? 이때 공기의 마찰은 없다고 생각해요.

화살은 날아가는 동안 아래쪽으로 떨어져요. 사과는 화살과 같은 속도로 떨어지지요. 따라서 화살은 옆으로 날아가면서 떨어지는 사과를 정확히 맞히게 돼요. 하지만 공기의 마찰이 있다고 생각하면 답

이 달라져요. 화살과 사과에 작용하는 마찰력이 달라서 같은 속도로 떨어지지 않거든요.

알과녁을 맞히려면 공중을 쏘아야 한다

창던지기는 창을 멀리 던지는 사람이 이기는 경기예요. 물론 힘이 센 사람일수록 창을 멀리 던질 거예요. 하지만 창을 멀리 던지려면 힘 못지않게 방법도 중요해요. 창은 공중에 머무는 시간이 길수록 멀리 날아갈 수 있어요. 그렇게 하려면 창을 알맞은 각도로 공중을 향해 던져야 하지요.

창을 수평으로 던진다고 생각해 봐요. 지구가 끌어당기는 힘 때문에 금세 땅으로 떨어질 거예요. 창을 위로 향할수록 공중에 머무는 시간은 길어질 거예요. 그렇다고 너무 위로 던져도 안 돼요. 창이 앞으로 나아가지 못하잖아요. 따라서 창을 멀리 던지려면 공중에 머무는 시간과 앞으로 나아가는 속도를 잘 조절해야 하는 거예요.

활로 과녁을 맞히는 것은 멀리 던지는 것보다 더 어려워요. 하지만

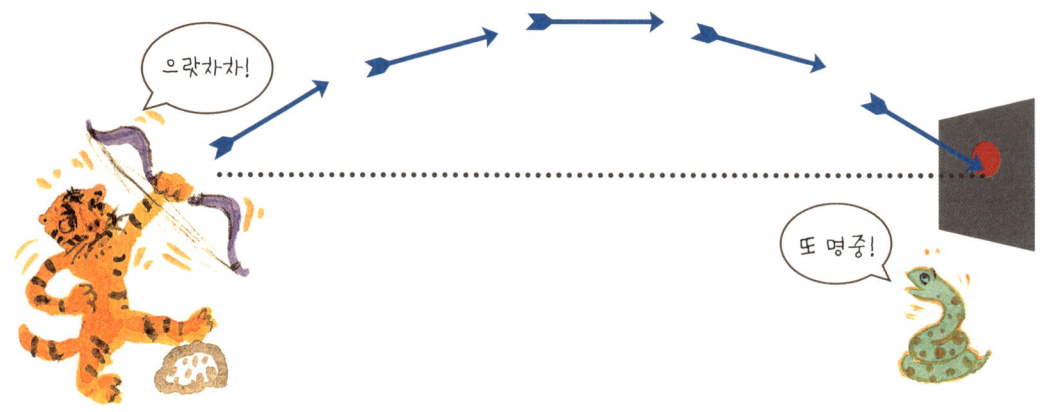

한 가지는 확실해요. 화살을 수평으로 쏘면 절대로 과녁에 맞힐 수 없다는 거예요. 과녁은 사과처럼 떨어지지 않고 제자리에 고정되어 있잖아요. 따라서 화살은 과녁까지 날아가면서 떨어지는 만큼 약간 공중으로 쏘아야 해요.

자, 이제 속담에 숨은 과학을 알았을 거예요. 활을 잘 쏘는 사람을 명궁이라고 해요. 명궁은 화살을 어느 정도 올려 쏴야 알과녁을 맞힐지 머릿속으로 가늠해요. 그리고 활시위를 힘껏 당기지요. 옆에서 보는 사람은 이렇게 생각할 거예요.

'쯧쯧, 저 사람은 허공에 대고 활을 쏘네. 히야~, 신기하다. 그런데도 화살이 알과녁에 맞았어. 공중을 쏘아도 알과녁만 맞히는군.'

사실 이렇게 생각하는 사람은 활에 대해 잘 모르는 사람이에요. 알 과녁에 맞히려면 공중을 쏘아야 하거든요.

사람은 누구나 편하게 살기를 좋아해요. 얼렁뚱땅 공부하면서 언제나 1등 하기를 바라고, 게으름을 피우면서 멋진 근육을 갖고 싶어 하지요. 하지만 주변에서 영재라고 불리는 사람을 보세요. 또 올림픽에서 금메달을 따는 사람들을 보세요. 모두 남모르게 땀을 흘리며 노력한 사람들이에요. 그저 아무것도 모르고 옆에서 보면 공중을 쏘는 것 같지만, 얼마나 올려 쏴야 알과녁을 맞힐 수 있는지 오랜 연습으로 자신만의 비법을 터득한 거지요.

10 가마 밑이 노구솥 밑 검다 한다

학교에 지각할까 봐 허겁지겁 등교하던 중 친구를 만났어요. 친구는 내 얼굴을 보더니 히죽거리며 웃더군요. 내 눈에 눈곱을 보고 세수도 하지 않았다고 놀리는 거예요. 사실 시간이 없어서 양치질만 했거든요. 그런데 친구 얼굴을 보니 뺨에 때가 꼬질꼬질했어요. 웃을 때에는 치아 사이에 고춧가루도 보였지요. 친구는 세수도 하지 않았을 뿐 아니라 양치질도 하지 않은 거예요.

'가마 밑이 노구솥 밑 검다 한다'라는 속담은 이럴 때 잘 들어맞아요. 자기 형편이 남보다 못하면서 남을 비웃는다는 뜻이지요.

 **솥 밑의 검은 것은 그을음**

요즘에는 식구 수가 많지 않아요. 잘해야 서너 명뿐이지요. 그래서 밥솥도 아주 작아요. 하지만 옛날에는 열 명이 넘는 가족이 많았어요. 밥을 한 번 하려면 십여 명이 먹을 밥을 한꺼번에 지어야 했지요. 물론 솥도 아주 컸어요. 옛날 사람들은 무쇠로 만든 큼직한 가마솥에 밥을 지어 먹었어요. 가마솥을 그냥 가마라고도 해요.

가마솥은 아주 무겁기 때문에 아궁이에 고정시켜 놓아야 해요. 노구솥은 놋쇠나 구리로 만든 작은 솥을 말하는데, 가볍기 때문에 가지고 다닐 수도 있지요. 가마솥이나 노구솥이나 밑은 모두 시커메요. 그래서 속담처럼 서로 검다는 얘기가 나온 것이지요. 그런데 솥의 밑은 왜 검은 걸까요?

밥을 지으려면 불을 때야 해요. 옛날에는 주로 나무를 태웠지요. 물질이 타는 현상을 연소라고 해요. 연소에는 탈 물질과 발화점과 산소라는 3가지 조건이 필요하지요. 자, 나무를 태울 때 어떤 일이 일어나는지 한번 살펴보기로 해요.

나무를 이루는 주요 성분은 탄소와 수소예요. 나무의 온도가 발화

점 이상으로 가열되면 나무를 이루던 탄소와 수소가 분해되면서 공기 중의 산소와 결합하지요. 탄소는 산소와 결합하여 이산화탄소가 되고, 수소는 산소와 결합하여 수증기(물)가 돼요. 이산화탄소와 수증기는 공기 중으로 날아가고 나무는 재로 남지요. 재는 나무를 이루던 성분 중에서 타지 않은 여러 가지 물질이에요.

  물질이 탈 때 산소가 언제나 충분히 공급되는 것은 아니에요. 산소가 충분히 공급되지 못하면 탄소가 이산화탄소로 바뀌지 못하고 탄소 알갱이나 일산화탄소로 바뀌지요. 이때 시커먼 연기가 나는 거예요. 이 시커먼 연기에는 탄소 알갱이를 비롯해 여러 가지 물질이 조금씩 섞여 있어요. 이것을 그을음이라고 하는데, 그을음은 솥의 밑에 달라붙지요. 그래서 솥의 밑이 검게 되는 거예요.

 가마솥은 크고 무겁기 때문에 밑을 닦기가 쉽지 않아요. 노구솥은 작고 가볍기 때문에 가끔 닦아 주기도 하지요. 그러니 어느 솥의 밑이 더 검겠어요?

 **검은 것이 나쁜 것은 아니다**

 속담에서는 검은 것이 가마솥의 약점이었어요. 하지만 가마솥 밑의 검은 그을음은 오히려 자랑할 만한 거예요. 약이 귀하던 옛날에는 손자가 설사를 하면 할머니는 가마솥 밑의 그을음을 긁어서 먹였대요. 가마솥 밑의 그을음은 바로 숯이에요. 숯이 도대체 무엇이기에 약으로도 쓰이는 것일까요?

 나무를 뜨겁게 가열하면 여러 가지 성분으로 나뉘어요. 먼저 기체 성분이 날아가고 액체 성분이 빠져나가지요. 그리고 남은 검은 고체 성분이 바로 숯이에요. 숯은 석탄처럼 탄소 덩어리지요. 그래서 숯은 석탄처럼 주로 연료로 쓰여요. 숯은 불이 금세 붙고 연기도 많이 나지 않으며 화력도 좋아요. 그런데 숯은 연료 외에 여러 가지 용도로 쓰이기도 해요.

숯에는 아주 작은 구멍이 많아요. 그래서 작은 알갱이들을 잘 빨아들이지요. 예를 들어 물을 숯에 통과시키면 해로운 물질이 숯의 구멍에 걸려 빠져나오지 못해요. 그래서 숯은 정수기의 필터로도 많이 쓰여요. 간장이나 된장을 담글 때 숯을 띄우기도 해요. 숯이 간장이나

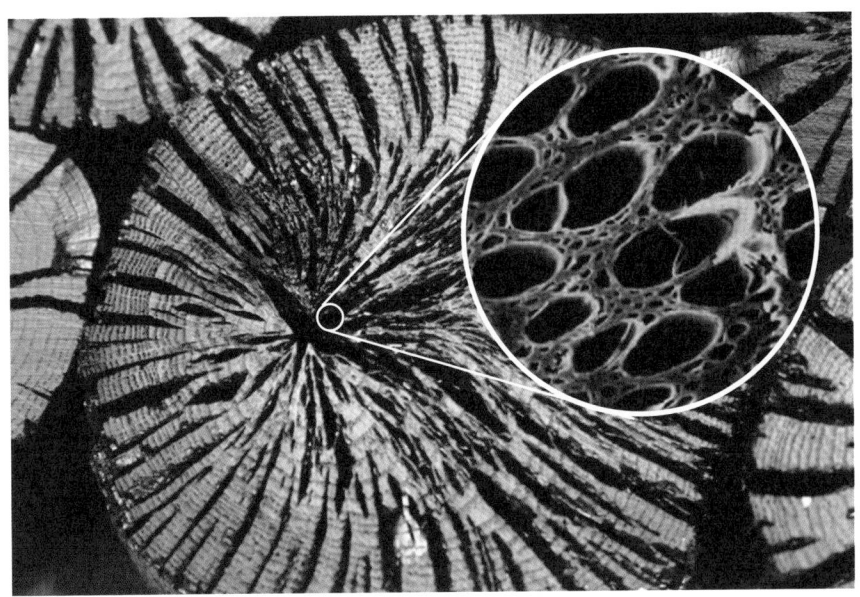
숯의 작은 구멍들을 기공이라고 한다. 박테리아나 방선균 등 미생물이 살기에 적당하고, 흡착력이 강해서 물이나 공기 정화에도 많이 쓰인다.

된장의 불순물을 빨아들여 장맛을 좋게 해 주거든요.

이런 성질 때문에 숯가루는 예로부터 약으로 쓰이기도 했어요. 몸 속에서 나쁜 병균을 빨아들인 숯이 몸 밖으로 안전하게 배출되는 거예요. 물론 아무 숯이나 가루를 내어 먹을 수 있는 것은 아니에요. 먹는 숯은 깨끗하고 안전하게 처리를 해야 하지요.

연료 숯은 주로 참나무로 만들지만 먹는 숯은 소나무로 만든다고 해요. 소나무 숯가루는 둥글지만 다른 나무로 만든 숯은 가루를 내더라도 각이 진다는군요. 각이 지면 우리 몸속에서 돌아다니는 동안 상처를 낼 수 있어요. 할머니들이 아픈 손자에게 먹인 가마솥 밑의 숯가루가 바로 소나무 숯가루예요. 옛날에는 주로 솔가지를 태워 밥을 지었거든요.

가마솥 밑의 그을음은 좋은 점 하나를 더 가지고 있어요. 그것은 검

은색이 열을 더 잘 흡수한다는 거예요. 2개의 온도계가 있어요. 하나는 검은색 천, 다른 하나는 흰색 천으로 싸고 양지바른 곳에 놓아 보세요. 검은색 천으로 싼 온도계의 눈금이 더 빨리 올라갈 거예요. 흰색은 햇볕을 잘 반사하지만 검은색은 잘 흡수하거든요. 햇볕이 바로 열이기 때문이에요.

공장에서 일을 하다 보면 얼굴에 기름이 묻을 수도 있어요. 또 쓰레기를 치우다 보면 손에 오물이 묻을 수도 있지요. 사실 가마솥 밑은 밥을 짓느라고 시커멓게 된 것일 뿐이에요. 그런데 왜 속담에서는 가마솥 흉을 보았냐고요? 그건 그냥 겉으로 보이는 모습을 비교한 것일 뿐이지요.

무언가를 위해 열심히 하다 보면 이렇게 될 수도 있고 저렇게 될 수도 있어요. 가마솥 밑이 검은 것은 오히려 자랑스러운 거예요. 하지만 남을 비난하다 보면 자신의 자랑도 흉이 될 수 있으니 조심해야겠지요.

11 정이월에 대독 터진다

지난여름 학교에 눈병이 유행했어요. 저는 손을 깨끗이 씻고 눈을 부비지 않아 눈병에 걸리지 않았지요. 그런데 웬걸, 방학이 끝나고 가을이 되자 눈병이 난 거예요. 이제 날씨가 쌀쌀해졌으니 눈병에 걸릴 걱정은 안 해도 될 것 같았는데 말이에요. 1주일 넘게 한쪽 눈을 가리고 다니느라 얼마나 불편했는지 몰라요.

선생님께서는 저를 보고 '정이월에 대독 터진다'라는 속담을 말씀해 주셨어요. 대독은 배가 불룩하고 아주 큰 독이에요. 이 속담은 봄이 다 되었다고 마음을 놓고 있는데 큰 독이 얼어 깨진다는 뜻이래요. 날씨가 추워 물이 얼면 어째서 독이 깨지는 걸까요? 또 봄이 다 되어 가는데 정말 물이 얼 만큼 추운 날이 찾아오기도 하는 걸까요?

 **물이 얼면 부피가 커진다**

기차는 쇠로 만들어진 선로 위를 달려요. 선로에는 일정한 간격으로 틈이 벌어져 있지요. 기차가 덜커덩거리며 달리는 것은 기차 바퀴가 이 틈을 지날 때 소리가 나기 때문이에요. 소리가 시끄럽다고 이 틈을 없앨 수는 없어요. 기차의 선로는 늘어나기도 하고 줄어들기도 하거든요.

쇠의 부피는 온도가 높아질수록 늘어나요. 따라서 여름에는 선로가 늘어나고 겨울에는 줄어들지요. 만일 틈이 없다면 여름에는 선로가 늘어나 구불구불해질 거예요. 그럼 기차가 선로 위를 제대로 달릴 수 없지 않겠어요?

쇠뿐 아니라 거의 모든 물질의 부피는 온도가 낮아질수록 작아져요. 물도 평상 온도에서는 마찬가지예요. 방 안에 떠 놓은 물의 온도는 보통 25°C쯤 될 거예요. 이 물의 온도를 낮추면 부피는 점점 줄어요. 그런데 아주 신비로운 사실이 하나 있어요. 물의 온도가 4°C보다 낮아지면 부피가 오히려 느는 거예요.

무게는 변하지 않고 부피가 늘면 밀도기 낮아져요. 그러니까 물의 밀도는 4°C에서 가장 높은 거지요. 이런 사실을 아주 쉽게 확인할 수 있는 예가 있어요. 바로 물에 둥둥 뜨는 얼음이에요. 물은 0°C에서 얼어요. 얼음이 물에 뜨는 것은 0°C에서 얼음의 밀도가 물의 밀

도보다 낮다는 뜻이 아니겠어요? 다시 말해 물이 얼면서 부피가 늘어나는 거예요.

독은 흙을 구워서 만든 용기예요. 옛날 사람들은 독에 물이나 간장 같은 것을 담아 보관했지요. 한겨울에 기온이 영하로 낮아지면 독 안의 물이 얼면서 부피가 커져요. 독의 부피는 변하지 않는데 내용물의 부피가 커지면 어떻게 되겠어요? 안쪽에서 바깥쪽으로 미는 압력이 커져 결국 독이 깨질 수도 있어요.

겨울에 날씨가 몹시 추워지면 수도관이 터져 물이 치솟기도 해요. 이것도 역시 수돗물이 얼면서 일어나는 현상이에요. 물의 힘이 정말 대단하지 않아요? 쇠로 만든 수도관도 터뜨리니 말이에요.

 **봄추위가 장독 깬다**

방에 걸려 있는 달력을 보세요. 날짜를 나타내는 큰 숫자 밑에 작은 숫자가 보일 거예요. 그 작은 숫자는 음력 날짜를 뜻하지요. 지금은 모든 사람이 양력을 사용하지만 옛날에는 음력을 사용했어요. 하

지만 옛날 관습에 따라 설과 추석 같은 중요한 명절은 아직도 음력으로 쇠지요.

정월이란 음력 1월을 말해요. 정월 1일이 바로 설날이지요. 올해는 설날이 며칠인지 달력에서 찾아보세요. 아마 1월말에서 2월초일 거예요. 그러니까 속담에서 말하는 정이월이란 양력으로 봄이 찾아오는 2, 3월을 말해요. 그런데 어째서 봄에 얼음이 얼어 대독이 깨진다는 걸까요?

우리나라 날씨는 주변을 둘러싸고 있는 커다란 공기 덩어리에 따라 달라져요. 이 커다란 공기 덩어리를 기단이라고 하지요. 우리나라의 남쪽에는 습기가 많고 따뜻한 북태평양 기단이 있어요. 북쪽에는 건조하고 차가운 시베리아 기단이 있지요.

여름에는 북태평양 기단의 힘이 세기 때문에 남쪽에서 북쪽으로 따뜻한 바람이 불어요. 겨울에는 시베리아 기단의 힘이 세기 때문에 북쪽에서 남쪽으로 차가운 바람이 불지요. 그래서 겨울 날씨가 추운 거예요.

겨울 동안 세력을 떨치던 시베리아 기단은 봄이 되면 서서히 약해져서 북쪽으로 물러가요. 그렇다고 시베리아 기단이 한 번에 물러나

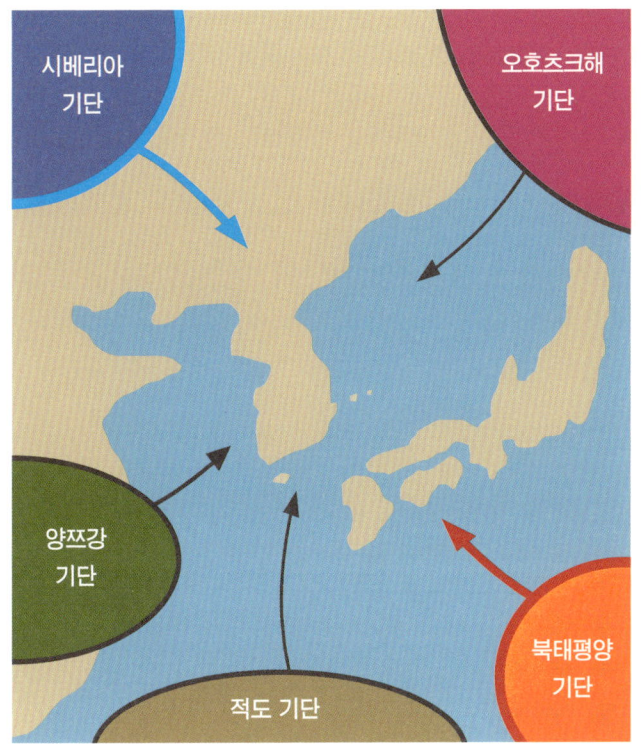

는 것은 아니에요. 초봄에도 가끔 세력을 떨치며 기승을 부릴 때가 있지요. 이때 대독이 깨질 정도로 혹독한 추위가 찾아오는 거예요. '봄추위가 장독 깬다'라는 속담도 있는데 봄철에 찾아오는 추위가 그만큼 혹독하다는 거예요. '정이월에 대독 터진다'라는 속담과 같은 뜻이지요.

꽃샘추위라는 말 들어 봤어요? 꽃샘추위란 겨울이 지나고 꽃이 피는 초봄에 갑자기 닥치는 추위를 말해요. 마치 꽃이 피어나는 것을 시샘하듯 찾아오는 추위라는 뜻에서 그런 이름이 붙었지요. 꽃샘추위도 서서히 물러가던 시베리아 기단이 한순간 세지면서 찾아오는 추위예요.

 **암석을 쪼개는 물의 힘**

단단한 대독을 깨는 물의 힘은 참 대단해요. 하지만 진짜 물의 힘에 비하면 그건 아무것도 아니에요. 물의 힘은 지구를 둘러싸고 있는 단단한 암석을 깰 정도니까요.

산이 무엇으로 이루어져 있는지 알고 있나요? 겉에서는 산이 커다란 흙더미로 보여요. 하지만 흙은 산의 겉을 덮고 있는 얇은 층에 지나지 않아요. 커다란 산의 몸체는 암석이거든요. 산꼭대기에 드러난 바위가 산의 진짜 모습인 거예요. 그런데 산을 이루는 암석의 표면은 매끈하지 않아요. 여기저기 갈라진 틈이 있고 심지어 쪼개진 것

오랜 시간이 흐르는 동안 물의 힘이 쪼개 놓은 계곡의 암석들.

도 있지요.

산봉우리와 산봉우리 사이의 계곡에는 크고 작은 암석들이 수없이 널브러져 있어요. 이 암석들은 산의 몸체에서 떨어져 나온 조각들이에요. 천년만년 변하지 않을 것처럼 단단한 암석을 쪼갠 것은 바로 물이에요.

암석은 땅속의 마그마가 식어서 만들어져요. 물질이 식으면 부피가 준다고 했어요. 마그마가 식을 때에도 부피가 줄지요. 그 결과 암

113

석에는 눈에 보이지 않는 수많은 틈이 만들어져요. 햇볕이 쨍쨍 쬐는 여름에는 암석이 가열되기 때문에 부피가 늘어나요. 겨울에는 이와 반대로 부피가 줄어들지요. 이런 일이 오랜 세월 되풀이되면 암석의 틈이 점점 벌어져요.

　더욱 극적인 일은 물 때문에 일어나요. 빗물이 이 틈으로 스며들고 꽁꽁 언다고 생각해 보세요. 물이 얼 때 부피가 커지면서 암석 틈을 세게 밀어낼 거예요. 물이 얼면서 쐐기 역할을 하는 거지요. 그럼 대독이 터지는 것처럼 암석이 쪼개지지 않겠어요?

　물론 암석을 쪼개는 원인은 여러 가지가 있어요. 암석이 빗물에 녹아 푸석푸석해지기도 하고, 나무뿌리가 암석 틈을 비집고 들어가면서 쪼개지기도 하지요. 산을 이루는 커다란 암석 덩어리는 이런 여러 가지 원인 때문에 쪼개지면서 계곡으로 굴러 떨어져요. 계곡의 암석 조각들은 물에 씻겨 강으로 내려가면서 더욱 잘게 부서지지요.

　수천수만 년 동안 이런 과정이 되풀이되면서 높은 산은 점점 깎여 평평해져요. 물의 힘이 땅의 모양도 바꾸는 거예요.

　세상을 살다보면 추운 날도 있고 따뜻한 날도 있어요. 추운 날과 따뜻한 날은 끊임없이 찾아오고 물러가지요. 또 추운 겨울이 지났다고 따뜻한 날이 지속되기만 하는 것은 아니에요. 세상살이도 이와 비슷해요. 힘든 날과 기쁜 날이 끊임없이 되풀이되지요. 힘든 날이 끝났다고 너무 마음을 놓지는 마세요. 정이월에도 대독이 터질 때가 있으니까요.

12 불난 데 부채질한다

 이번 시험 성적이 좋지 않아 하루 종일 우울했어요. 아빠가 퇴근하시고 함께 놀다 보면 기분이 좋아질 줄 알았지요. 그런데 아빠는 내 속도 모르고 저녁 식사 중에 이렇게 말씀하시는 거예요.
 "여보, 내 고등학교 동창 한길이 있잖아. 그 친구 큰아이가 이번 시험에서 전교 1등을 했대. 학생 때는 그저 공부 잘 하는 게 최고야. 그래야 훌륭한 사람이 되지. 너도 공부 잘 하고 있지?"
 주눅 든 내가 안쓰럽게 보였는지 엄마가 아빠에게 이렇게 큰소리를 치셨어요.

"여보! 아이 때는 몸 튼튼하고 친구들과 사이좋게 지내는 게 공부보다 더 중요하다고요!"

자초지종을 들으신 아빠는 쑥스러운 표정을 지으시며 이렇게 말씀하셨지요.

"내가 불난 데 부채질했구나."

이는 일이 잘 되지 않아 기분이 좋지 않은데 더욱 마음 상하게 만든다는 속담이에요. 불난 데 부채질하면 불길이 더 살아 오르거든요.

 **바람 불면 꺼지는 촛불**

생일에는 입으로 바람을 불어 케이크의 촛불을 꺼요. 아마 부채질을 하면 촛불이 더 쉽게 꺼질 거예요. 불난 데 부채질하면 불길이 사는데 어째서 촛불은 꺼지는 걸까요? 연소의 원리에 그 비밀이 숨어 있어요.

앞에서도 잠시 얘기했듯이 물질이 타려면 발화점보다 높게 가열하고 산소를 공급해 줘야 해요. 탈 물질과 발화점과 산소를 연소의 3가지 조건이라고 해요. 산소는 공기에 들어 있기 때문에 흔히 산소 대신 공기라고도 하지요. 그럼 촛불이 어떻게 타는지 살펴보면서 바람과 불의 관계에 대해 알아보기로 해요.

양초 가운데에는 실을 꼬아 만든 심지가 꽂혀 있어요. 심지는 발화점이 낮아 쉽게 불을 붙일 수 있지요. 라이터로 심지에 불을 붙였

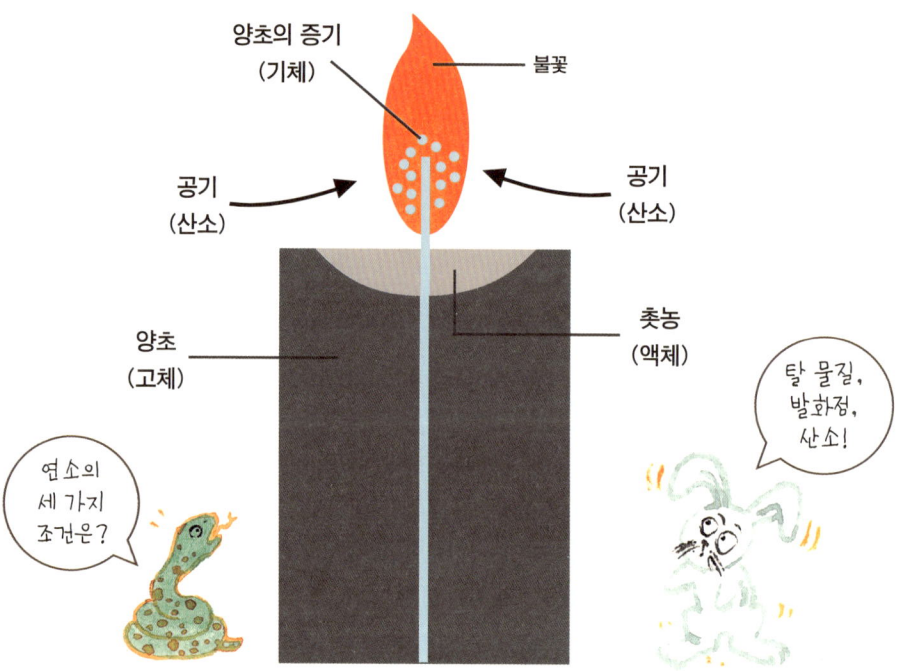

어요. 심지가 활활 타오르면서 주변이 뜨거워져요. 그럼 심지 근처의 양초가 녹아 촛농이 되지요. 촛농은 액체이기 때문에 심지에 스며들어요.

심지를 따라 올라간 촛농은 심지의 불꽃에 가열되어 증발해요. 양초의 증기가 되는 거예요. 이 양초의 증기는 주변의 공기에 포함된 산소와 격렬하게 결합하여 이산화탄소와 물을 만들면서 열과 빛을 내지요. 이 과정이 바로 양초의 연소예요. 타는 물질은 심지가 아니라 양초인 거지요. 물론 촛농이 증발하면서 양초가 점점 짧아지고 심지는 점점 길어질 거예요. 그럼 심지의 윗부분이 타서 심지도 점점 짧아지기는 해요.

자, 이제 촛불을 향해 입으로 바람을 불어 보세요. 바람을 살살 불면 촛불이 살랑거리며 흔들릴 거예요. 양초의 증기가 바람에 날리기 때문이지요. 만일 바람을 세게 불면 어떻게 될까요? 양초의 증기가 한꺼번에 날려요. 심지 근처에 양초의 증기가 없으면 어떻게 되겠어요? 탈 물질이 없으니 불이 꺼질 수밖에 없지요.

 **바람 불면 활활 타오르는 장작불**

신나는 캠프파이어 시간이에요. 장작을 쌓고 불을 붙였어요. 불을 붙인 장작은 시뻘겋게 타고 있는데 불길이 시원치 않아요. 입으로 후후 바람을 불었더니 불길이 살아나기 시작했어요. 이때 부채로 바람을 힘차게 일으켜 보세요. 커다란 불길이 치솟으며 장작불이 활활 타오를 거예요.

자연은 참 신비로워요. 똑같은 것 같으면서도 다르고 다른 것 같으면서도 똑같은 것이 많거든요. 촛불이나 장작불이나 모두 물질의 연

부피 = 탈 물질의 크기 = $1cm^3$
표면적 = 공기가 공급되는 면적 = $6cm^2$
표면적 ÷ 부피 = 6

부피 = 탈 물질의 크기 = $8cm^3$
표면적 = 공기가 공급되는 면적 = $24cm^2$
표면적 ÷ 부피 = 3

소예요. 하지만 촛불과 장작불은 탈 물질의 크기가 달라요. 그래서 연소의 조건도 달라지지요. 다른 조건이란 공기의 공급량이에요.

촛불은 한 변의 길이가 1cm인 정육면체, 장작불은 한 변의 길이가 2cm인 정육면체라고 생각해 봐요. 이때 공기가 공급되는 양은 정육면체의 표면적과 관계가 깊어요. 다시 말해 공기와 닿는 면적이 넓을수록 많은 공기가 공급되는 거지요.

촛불의 부피는 $1cm^3$이고 표면적은 $6cm^2$예요. 장작불의 부피는 $8cm^3$이고 표면적은 $24cm^2$이지요. 표면적을 부피로 나눈 값은 촛불이 6이고 장작불이 3이에요. 촛불은 부피에 비해 표면적이 크고, 장작불은 부피에 비해 표면적이 작아요. 이것은 무슨 뜻일까요? 촛불에는 공기가 충분히 공급되지만, 장작불에는 그렇지 못하다는 뜻이에요.

촛불은 공기가 충분히 공급되기 때문에 바람을 불지 않아도 잘 타요. 그런데 촛불은 작기 때문에 약한 바람에도 흔들리지요. 그래서 훅 하고 바람을 불면 탈 물질이 없어져 금세 꺼지는 거예요. 장작불은 활활 타려고 해도 공기가 충분히 공급되지 않아요. 이때 바람이 불면 어떻게 되겠어요? 산소를 듬뿍 머금은 신선한 공기가 공급되니 활활 타오를 거예요. 물론 장작불은 불길이 크기 때문에 촛불처럼 쉽게 꺼지지는 않아요.

예전에는 아궁이에 불을 지펴 방을 데우고 밥을 지었어요. 아궁이는 좁기 때문에 공기가 쉽게 공급되지 않아요. 그래서 풀무라는 도구를 이용해 바람을 불어 주었지요. '불난 데 풀무질한다'라는 속담도 '불난 데 부채질한다'라는 속담과 같은 뜻이에요.

 **산불을 꺼라!**

우리나라에서는 해마다 3월이나 4월에 산불이 많이 나요. 봄이 되면 공기가 건조해서 풀과 나무가 잘 타기 때문이에요. 산불이 날 때 가장 위험한 것은 바람이에요. 산불은 장작불보다 훨씬 커요. 그래서 아주 센 바람이 불어도 꺼지지 않지요. 오히려 불난 데 부채질하는 것처럼 불길이 더욱 거세지고 옆으로 잘 퍼져요.

산불이 나면 여러 가지 방법을 동원해 꺼야 해요. 그 방법은 아주 간단하지요. 바로 연소의 3가지 조건을 이용하는 거예요.

불 끄는 방법 중 가장 잘 알려진 것은 물을 뿌리는 거예요. 산불이 나면 소방차가 달려가 물을 뿜어 대지요. 사실 소방차가 뿜어 대는 물은 턱없이 모자라요. 그래서 소방 헬리콥터로 엄청나게 많은 양의 물을 길어 와 한꺼번에 쏟아 부어요. 물은 100°C에서 끓어 증발해요. 다시 말해 물에 젖은 나무는 물이 다 증발할 때까지 100°C를 넘지 못하는 거예요.

나무의 발화점은 100°C가 넘어요. 그러니 나무에 붙었던 불이 꺼질 수밖에 없지요. 물을 뿌리는 것은 발화점을 낮추어서 불을 끄는 방법인 셈이에요. 물론 불길이 아주 거세면 물이 순식간에 끓어 수증기로 날아가기 때문에 물로 산불을 막기에는 역부족이에요.

불을 끄는 또 하나의 방법은 불길이 번지는 쪽의 나무를 베어 버리는 거예요. 그럼 산불이 번지다가 더 이상 탈 것이 없기 때문에 꺼지지요. 나무를 벨 시간이 없다고요? 그럼 맞불을 놓으면 돼요. 저쪽에서 산불이 타 들어올 때 이쪽에서 맞불을 놓는 거예요. 두 불길이 만나면 더 이상 탈 것이 없기 때문에 불이 꺼질 수밖에 없지 않겠어요?

산불을 예방하기 위해 일부러 산허리에 도로를 내기도 해요. 산불이 났을 때 소방차가 들어가기도 쉽고, 산불이 도로를 건너지 못하고 꺼질 수도 있기 때문이에요. 물론 산불을 막는 가장 좋은 방법은 산에서 불조심을 하는 거지요.

  놀이터에서 친구를 만나면 먼저 친구의 사정을 잘 들어 보세요. 혹시 무슨 일 때문에 마음이 불편할 수도 있거든요. 친구 생각은 하지 않고 함부로 말하다가 친구 마음에 상처를 줄 수도 있어요. 친구를 위로할 때에도 마찬가지예요. 엉뚱한 말로 위로하다가 실수를 할지도 모르잖아요. 적어도 불난 데 부채질하는 일은 없어야 할 것 아니겠어요?

13 은행나무도 마주 서야 연다

　엄마는 처녀 시절에 아빠가 다니던 회사의 거래처에서 일을 하셨대요. 아빠는 일 때문에 그곳에 들렀다가 엄마를 보고 첫눈에 반하셨다는군요. 아빠는 엄마를 보려고 일부러 그 회사에 자주 가셨대요. 전화를 걸어도 되는데 말이지요. 결국 엄마도 아빠를 좋아하시게 되었고 지금처럼 사이좋은 부부가 되셨지요.

　'은행나무도 마주 서야 연다.'

　아빠는 이 속담을 믿고 그렇게 하셨대요. 은행나무는 암나무와 수나무가 따로 있어요. 암수 은행나무가 마주 서 있어야 열매가 열리듯 사람의 인연도 마주 보고 있어야 더 깊어진다는 뜻이래요.

 **식물을 종류에 따라 나누는 방법**

생물은 살아가며 자손을 번식시켜요. 동물은 암컷과 수컷의 짝짓기로 새끼를 낳아요. 새끼가 어른이 되면 새로운 짝을 찾아 짝짓기를 하지요. 이런 일은 세상에 동물이 나타난 이후 끊임없이 일어났어요. 식물도 마찬가지예요. 다만 식물은 동물보다 암수의 구별이 좀 복잡해요.

식물학자들은 잎, 줄기, 뿌리, 꽃, 열매 같은 식물의 생김새와 번식 방법을 기준으로 식물의 종류를 나누었어요. 이것을 '분류'라고 하지요. 분류는 모든 과학의 기초예요. 이것과 저것이 어떻게 다른지 알아야 무엇이든 할 수 있는 거니까요.

식물의 가장 큰 분류 기준은 꽃이에요. 꽃을 피우는 것을 꽃식물, 꽃을 피우지 않는 것을 민꽃식물이라고 하지요. 꽃식물에서는 수술에서 만들어진 꽃가루가 암술에 달라붙어 수정이 이루어져요. 그럼 씨가 맺어지지요. 세상에 꽃이 없는 식물도 있냐고요? 물론이에요. 곰팡이나 이끼, 고사리 같은 식물은 꽃을 피우지 않아요. 민꽃식물은 꽃이 없기 때문에 암수의 결합 없이 포자를 만드는데, 이 포자가 꽃식물의 씨와 같은 역할을 해요.

꽃식물은 씨의 위치에 따라 겉씨식물과 속씨식물로 나눠요. 소나무의 씨를 본 적 있나요? 소나무의 열매를 솔방울이라고 하는데 솔방울은 여러 개의 단단한 비늘 조각으로 이루어져 있어요. 소나무의 씨는 이 비늘 조각 사이에 끼어 있지요. 씨가 겉으로 드러나 있는 거예요. 하지만 속씨식물의 씨는 씨방 속에 숨어 있어서 겉에서는 보이지 않아요.

씨를 심으면 싹이 터요. 싹이 트면 처음 나오는 잎을 떡잎이라고 하는데 속씨식물은 떡잎의 개수에 따라 외떡잎식물과 쌍떡잎식물로 나누지요. 외떡잎은 떡잎이 하나, 쌍떡잎은 떡잎이 두 개예요. '될성부른 나무는 떡잎부터 알아본다'라는 속담이 있어요. 앞으로 크게 성공할 사람이나 일은 시작부터 앞날이 엿보인다는 뜻이에요. 싹이 트고 맨 처음 나온 잎이 떡잎이니, 떡잎이 좋아야 나무가 튼튼히 자라지 않겠어요?

 **곤충과 바람이 짝을 지어 준다**

동물은 이리저리 돌아다닐 수 있어요. 그래서 암수가 만나 짝짓기를 할 수 있지요. 그럼 제자리에서 꼼짝할 수 없는 식물은 어떻게 짝짓기를 할까요? 곤충이나 바람에게 의지할 수밖에 없어요.

꽃은 식물의 생식기관이에요. 동물에서는 암컷과 수컷이 다른 개체를 이루지요. 식물에서는 암수가 한 몸인 것도 있고 다른 몸인 것도 있어요. 또 꽃도 마찬가지예요. 우리가 흔히 보는 살구꽃이나 무궁화 같은 꽃에는 암술과 수술이 모두 있어요. 하지만 오이나 호박 같은 식물에서는 암꽃과 수꽃이 따로 펴요. 수꽃에는 암술이 없지요.

수술의 머리에서는 꽃가루가 만들어져요. 이 꽃가루가 암술의 머리에 달라붙는 것이 식물의 짝짓기예요. 꽃가루가 수술에서 암술로 옮겨지는 것을 꽃가루받이라고 하지요. 암술은 대롱처럼 생겼어요. 꽃가루는 그 대롱을 따라 암술의 밑 부분에 자리 잡은 밑씨로 이동해요. 그럼 밑씨가 자라 씨가 되는 거예요.

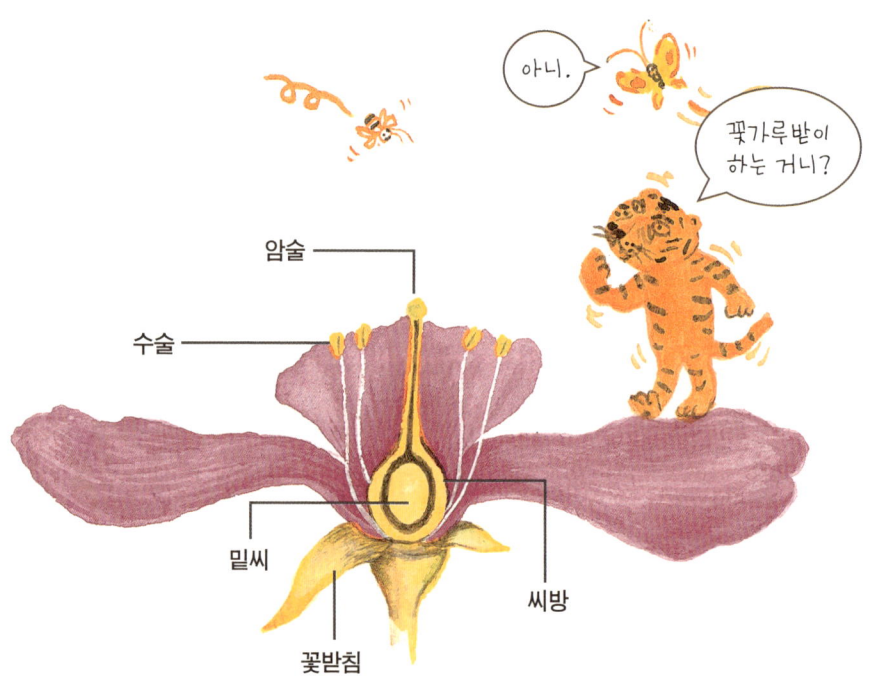

소나무의 수꽃이 바람에 실려 보낸 송홧가루가 봄 산을 뒤덮고 있다. 바람을 타고 날아간 송홧가루는 암꽃과 만나 솔방울을 맺는다.

봄이 되면 나비와 벌, 등에, 파리 같은 곤충들이 꽃과 꽃 사이를 부지런히 날아다녀요. 꿀과 꽃가루를 먹으려는 것이지요. 꿀은 꽃의 깊은 곳에 숨어 있어요. 그래서 꿀을 먹으려면 꽃 속을 헤집고 들어가야 해요. 이때 곤충의 몸에는 꽃가루가 덕지덕지 달라붙게 되지요. 곤충이 이 꽃에서 저 꽃으로 돌아다니는 동안 꽃가루가 다른 꽃으로 전달되는 거예요.

소나무나 은행 같은 식물은 곤충들에게 인기가 좋지 않아요. 그래서 바람에 의존할 수밖에 없어요. 봄에는 산에서 날리는 노란 먼지 같은 것을 볼 수 있어요. 소나무의 꽃가루인 송홧가루가 바람에 날리는 거예요.

그런데 소나무는 암수가 한 그루이기 때문에 암꽃과 수꽃이 같은 나무에 펴요. 하지만 은행나무는 암나무와 수나무가 달라요. 은행나무에도 꽃이 피냐고요? 물론이에요. 암나무에는 암꽃이 피고 수나무에서는 수꽃이 피는 거예요. 다만 꽃이 너무 작아서 잘 보이시 않을 뿐이에요. 암수가 다르면 꽃가루받이가 쉽지 않겠지요. 그러니 은행나무도 마주 서야 꽃가루받이를 그만큼 쉽게 할 것이고, 또 열매도 쉽게 맺을 거예요.

 **식물의 열매와 씨**

복숭아는 우리나라의 대표적인 과일 중 하나예요. 우리가 흔히 먹는 복숭아는 복숭아의 열매지요. 복숭아의 겉껍질을 외과피라고 해요. 얇은 외과피를 벗기면 속살이 나오는데 우리가 먹는 이 속살을 과육이라고 하지요. 과육을 다 먹고 나면 무엇이 나오나요? 잔뜩 주름진, 단단한 씨가 나와요. 사실 이 단단한 것은 내과피라고 하는 속껍질이에요. 복숭아 씨는 내과피 속에 들어 있어요.

은행 나무 열매와 과육을 없앤 내과피 속의 은행 씨앗. 은행 씨앗은 밤에 오줌을 싸는 어린이들의 치료에 효과가 좋다.

　은행나무 열매는 흔히 딱딱하다고 생각하기 쉬워요. 하지만 은행나무 열매에도 과육이 있어요. 가을에 은행나무에서 떨어진 연갈색 열매를 보세요. 발로 밟으면 물컹거릴 거예요. 은행나무 열매의 과육에서는 누린내가 나요. 또 손으로 만지면 염증이 생길 수도 있으니 은행나무 열매를 함부로 만지지 마세요.

　은행나무 열매의 과육을 없애면 단단한 내과피가 나와요. 이것이 바로 우리가 흔히 보는 은행이에요. 이 내과피를 깨면 말랑말랑한 씨가 나오지요. 우리가 구워서 먹는 은행은 은행나무 열매의 씨인 거예요.

　식물은 곤충이나 바람의 도움으로 꽃가루받이를 한다고 했어요.

133

그렇게 만든 씨를 퍼뜨릴 때에도 마찬가지예요. 식물은 스스로 씨를 퍼뜨릴 수 없잖아요. 민들레는 씨를 바람에 날려요. 민들레 씨에는 갓털이라고 하는 가벼운 털이 붙어 있어요. 이 갓털이 낙하산 역할을 하기 때문에 민들레 씨는 바람에 날려 먼 곳까지 날아갈 수 있지요.

야자나무는 물의 도움을 받는다는군요. 야자나무 열매가 떨어지면 강이나 바다에 둥둥 떠다니다 먼 곳의 해안에 닿는 거예요. 그럼 그곳에서 싹이 트고 야자나무가 자라겠지요.

동물의 도움으로 씨를 퍼뜨리는 식물도 있어요. 새가 열매를 먹었

갓털이 달린 민들레 씨.

다고 생각해 보세요. 과육은 소화가 되지만 씨는 새의 배설물과 함께 그대로 나와요. 씨는 단단한 껍질에 둘러싸여 있기 때문이에요. 도깨비바늘이나 가막사리의 씨에는 갈고리가 달려 있어요. 그래서 동물의 털에 잘 달라붙지요. 이런 씨는 동물의 털에 붙어 먼 곳까지 이동하는 거예요.

자신과 가장 친구를 생각해 보세요. 그 친구를 얼마나 자주 만나나요? 아마 가장 친한 친구가 가장 자주 만나는 친구일 거예요. 어쩌면 가장 자주 만나기 때문에 가장 친한 것일 수도 있어요. 저 친구와 친해지고 싶다고요? 그렇다면 자주 만나세요. 은행나무도 마주 서야 열리니까요.

14 콩 심은 데 콩 나고 팥 심은 데 팥 난다

오늘은 참 우울한 날이에요. 시험 성적이 좋지 않게 나왔거든요. 학교에서 돌아오는 길에 친구들이 놀자고 해도 그냥 집으로 왔어요. 엄마는 성적표를 보시고 '콩 심은 데 콩 나고 팥 심은 데 팥 난다'라고 하셨어요. 모든 일의 결과는 원인에 따라 정해진다는 뜻이래요. 공부를 게을리 했으니 성적이 나쁜 것이 당연하다나요.

아빠는 달랐어요. '한 번 실수는 병가의 상사라'라고 하시며 누구든 실수를 한다고 하셨지요. 나는 아빠의 말에 금세 기분이 좋아져 헤헤 웃었지요. 엄마는 어이가 없다는 듯 이렇게 말씀하셨어요.

"콩 심은 데 콩 나고 팥 심은 데 팥 난다는 속담이 정말 맞네. 어쩌면 너는 시무룩하다가도 그렇게 금세 헤헤거리는 거니. 속 편한 거 하나는 네 아빠를 꼭 닮았구나."

엄마와 아빠와 나는 마음껏 웃었어요.

 **자연에 적응한 생물이 살아남는다**

세상에는 참 많은 생물이 있어요. 서로 다른 생물 하나하나를 '종'이라고 하지요. 콩이나 팥도 하나의 생물 종이에요. 그 많은 생물은 도대체 어떻게 생겨난 것일까요? 옛날 사람들은 모든 생물을 신이 만들었다고 생각했어요. 그리고 한번 신이 만든 생물은 변하지 않는다고 생각했지요. 이런 생각을 '창조론'이라고 해요. 창조란 없던 것을 만들었다는 뜻이에요.

그러나 과학자들은 그렇게 생각하지 않아요. 맨 처음 지구가 만들어졌을 때에는 생물이 없었어요. 수십억 년 전, 번개가 내리치는 바다에서 세포 하나로 이루어진 아주 작은 생물이 태어났어요. 생물은

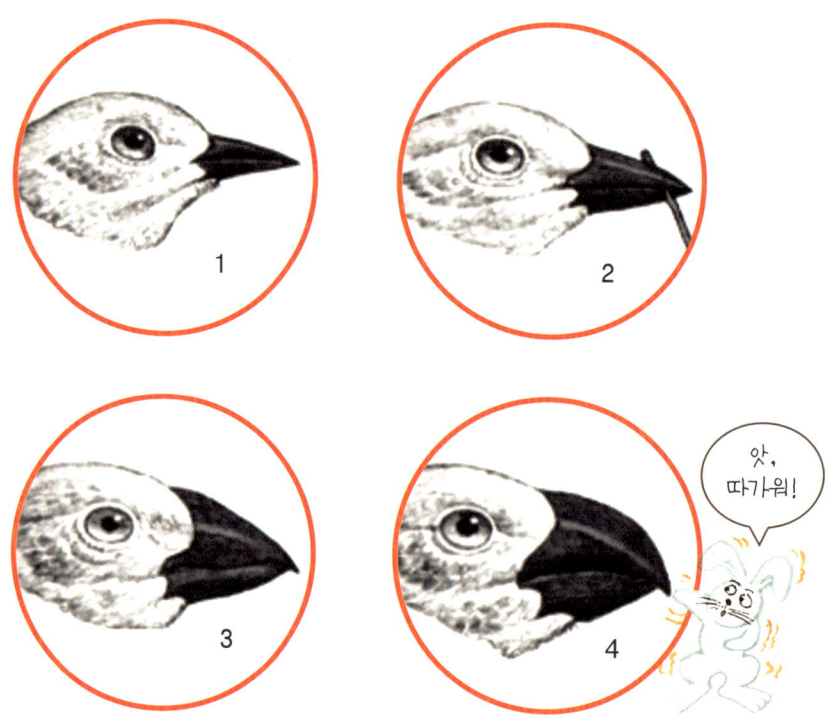

갈라파고스 섬에 사는 핀치는 서로 다른 모양의 부리를 가지고 있다.
먹이에 적응하여 서로 다른 모양의 부리를 가지게 된 것이다.

1. 가늘고 긴 부리로 나무 구멍에 숨은 벌레를 쪼아 먹는다.
2. 작은 나뭇가지나 선인장 가시를 물고 나무 구멍을 찔러 벌레를 찾아낸다.
3. 굵고 단단한 부리로 나뭇가지나 잎에 붙어 있는 벌레를 잡아먹는다.
4. 단단하고 굽은 부리를 이용해 씨의 껍질을 부수거나 까서 먹는다.

자기와 똑같은 자손을 만들었어요. 그러는 동안 간단한 생물이 자꾸 복잡해지면서 여러 가지 생물이 나타났지요. 이런 생각을 '진화론'이라고 해요. 진화란 간단한 것에서 점점 복잡한 것으로 발전해 나간다는 뜻이에요.

정말 작은 생물에서 지금처럼 복잡하고 많은 생물이 태어났을까요? 진화론을 밝혀낸 다윈의 이야기를 알아보기로 해요.

다윈은 1809년 영국에서 태어난 과학자예요. 다윈은 1831년 해군 탐사선을 타고 5년이라는 긴 여행을 떠났어요. 남아메리카와 서인도 제도를 항해하며 그곳의 화석과 생물에 대해 연구했지요. 탐사 4년째에는 10여 개의 화산섬으로 이루어진 갈라파고스 제도에 도착했어요.

다윈은 갈라파고스에서 여러 생물을 관찰했는데 그중 하나가 핀치라는 새였어요. 그런데 이상하게도 이 새의 생김새가 섬마다 조금씩 달랐어요. 다윈은 그 이유를 곰곰 생각했지요.

어떤 섬의 핀치는 식물의 씨를 먹고 살았는데 부리가 짧고 굵었어요. 또 어떤 섬의 핀치는 곤충을 잡아먹고 살았는데 부리가 가늘고 길었어요. 짧고 굵은 부리는 딱딱한 껍데기를 까고 씨를 먹기 편해요.

 가늘고 긴 부리는 나무 구멍에 숨은 곤충을 잡아먹기 편하지요. 다윈은 이렇게 결론을 내렸어요.

 '모든 섬에는 원래 똑같은 모습의 핀치들이 살았을 거야. 그런데 섬에 따라 풍족한 먹이가 다르니, 그 먹이를 먹기 편한 핀치가 더 번성하게 되지 않았을까? 그래, 모든 생물은 자연 환경에 적응하면서 살아가는 동안 서서히 모습이 변하는 거야.'

다윈의 생각은 자연이 거기에 살 수 있는 생물의 종을 선택하는 거라고 볼 수 있어요. 그래서 과학자들은 다윈의 생각을 '자연 선택설'이라고 해요. 자연은 계속 변해요. 그렇다면 오랜 세월 자연 선택이 이루어지면 생물의 종류도 점점 많아지지 않겠어요? 지금 우리가 보고 있는 수많은 생물들은 자연 선택으로 이렇게 많아졌다! 이 생각이 바로 다윈의 진화론이에요.

 **콩과 팥의 DNA는 서로 다르다**

여기에서 한 가지 생각해 보기로 해요. 다윈의 진화론에 따르면 지금 살고 있는 어떤 생물 종은 예전에는 없었어요. 그러니까 어떤 생물 종이 오랜 세월이 지나면 새로운 생물 종으로 진화한다는 거지요. 그렇다면 콩도 오랜 세월이 지나면 새로운 종으로 진화할 수 있지 않을까요? 콩을 심으면 콩이 아닌 다른 식물이 자란다는 말이에요.

물론 어떤 생물이든 오랜 세월이 지나면 새로운 생물로 진화할 거예요. 하지만 우리가 사는 동안 그런 일은 일어나지 않아요. 우리가 콩을 심으면 콩이 나오고 팥을 심으면 팥이 나오는 거예요. 그런데 콩과 팥의 씨가 어떻게 다르기에 콩의 씨는 콩의 씨고 팥의 씨는 팥의 씨일까요? 그 비밀은 바로 DNA에 숨어 있어요.

모든 생물은 세포로 이루어져 있어요. 콩이나 팥은 물론 개구리, 토끼, 코끼리, 그리고 우리 몸도 세포로 이루어져 있지요. 세포는 아주 작아요. 그래서 생물 하나를 이루려면 수많은 세포가 필요하지요. 우리 몸을 이루는 세포는 모두 100조 개나 된다고 하는군요.

세포는 이렇게 작지만 아주 복잡해요. 그 속에는 아주 작고 중요한 역할을 하는 것들이 가득하거든요. 그중에서도 가장 중요한 것이 세포핵이에요. 세포핵에는 염색체라는 물질이 들어 있는데 이 염색체가 바로 DNA지요.

DNA는 마치 비비 꼬인 사다리처럼 생겼어요. DNA를 이루는 것은 각각 A, T, G, C라고 불리는 네 가지의 물질이에요. 이 네 가지 물질은 서로 짝을 이루는데, A는 T 그리고 G는 C와 결합하지요.

컴퓨터에서는 0과 1로 모든 숫자와 문자와 그림을 나타낼 수 있어요. 예를 들어 1000001은 'A'를 뜻하고, 1000010은 'B'를 뜻해요. 컴퓨터에 쓰이는 모든 정보는 모두 이렇게 나타내는 거예요. DNA에는

A, T, G, C의 조합으로 모든 정보가 기록되어 있어요. 그야말로 생물에 대한 모든 정보 말이에요.

콩과 팥의 세포에는 각각 콩과 팥의 DNA가 들어 있어요. 콩을 심으면 콩이 나오는 것은 콩의 DNA에 '너는 콩으로 자라라' 하는 정보가 들어 있기 때문이에요. 팥도 마찬가지고요. 그뿐이 아니에요. DNA에는 같은 콩이라도 어떤 콩인지에 대한 정보도 들어 있어요. 까만 콩,

하얀 콩, 둥근 콩, 길쭉한 콩, 얼룩무늬 콩…….

어떤 생물의 특징이 자손에게 전해지는 것을 유전이라고 해요. 또 세포에서 그 유전을 담당하는 물질을 유전자라고 하지요. 그러니까 DNA가 유전자인 셈이에요. 콩 심은 데 콩 나고 팥 심은 데 팥 나는 것은 콩의 유전자와 팥의 유전자가 서로 다르기 때문이지요.

 **콩 심은 데 유전자 조작 콩이 난다?**

2008년에 우리나라 최초의 우주인이 우주여행을 마치고 돌아왔어요. 이때 콩과 벼를 포함하여 11종의 우리나라 식물 씨를 국제 우주 정거장에서 가져왔지요. 이 씨들은 실험을 위해 미리 국제 우주 정거장으로 보내 놓았던 거예요. 도대체 무슨 실험이냐고요?

우주 공간의 환경은 지구와 아주 달라요. 자기장도 약하고 태양 같은 별에서 나오는 고속 입자나 방사선이 아주 세지요. 이런 환경에 노출되면 유전자에 변화가 생겨 특성이 다른 종이 만들어지기도 해요. 이처럼 유전자 이상으로 새로운 특성을 가지고 태어난 자손을 돌연변이라고 하지요. 이번 실험은 우주 공간에서 일부러 돌연변이를 만들려는 거예요.

돌연변이 중에는 특성이 아주 우수한 것들도 있어요. 예를 들어 크기가 커지거나 단백질과 비타민 같은 영양소가 풍부해지는 거지요. 이런 실험은 지상에서도 할 수 있어요. 요즘에는 기술이 발달해서 어떤 생물의 유전자에 다른 생물의 유전자 일부를 끼워 넣을 수도 있어요.

혹시 유전자 조작 콩이라는 말을 들어 본 적 있나요? 콩을 재배할 때 수확량을 늘리려면 잡초를 없애기 위해 제초제를 뿌려야 해요. 그런데 제초제는 콩에게도 좋지 않은 영향을 끼치지요. 그래서 과학자들은 제초제에 강한 세균의 유전자를 콩의 유전자에 끼워 넣어 새로운 콩을 만들었어요. 이렇게 만든 콩을 유전자 조작 콩이라고 해요.

유전자 조작 콩은 제초제에 아주 강해요. 그래서 제초제를 뿌리면 잡초만 죽고 콩은 끄떡없지요. 유전자 조작 콩을 심으면 수확을 많이 할 수 있으니 얼마나 좋을까요? 하지만 문제가 있어요. 유전자 조작 콩은 우리가 안심하고 먹던 콩과 달라요. 성분이 달라진 만큼 어떤 문제가 나타날지 모르는 거지요.

어떤 과학자는 유전자 조작 농산물을 쥐에게 먹이는 실험을 했더니 문제가 생겼다고 주장하기도 해요. 간이나 쓸개 같은 쥐의 장기가 손상되었으며 뇌의 크기도 줄고 면역력이 약해졌다는 거예요. 그래서 환경 단체에서는 유전자 조작 농산물의 생산과 수입을 반대하고 있어요. 우리 몸을 위해서는 조금 불편하더라도 친환경 농산물을 먹어야 한다는 거예요.

콩 심은 데 콩이 안 나고 유전자 조작 콩이 나온다! 참으로 놀라운 세상이 아닐 수 없어요. 과연 미래에 우리는 무엇을 먹어야 할까요? 값싸고 영양이 풍부한 유전자 조작 콩을 먹어야 할까요? 아니면 우리가 지금까지 안심하고 먹어 온 콩을 먹어야 할까요? 물론 유전자 조작 콩이라도 우리 몸에 이상이 없는지 확실하게 검증한다면 괜찮을 거예요. 하지만 그런 검증도 없이 무턱대고 먹는다면 나중에 어떤 문제로 고통을 받게 될지 모르지요.

유전자 조작은 우리에게 많은 혜택을 주기도 해요. 여러 가지 질병을 고칠 수도 있거든요. 하지만 유전자 조작을 잘못 이용하면 돌이킬 수 없는 문제를 일으킬 수도 있어요. 이 모든 것은 바로 우리에게 달렸어요. 우리가 유전자 조작을 어떻게 현명하게 이용하느냐에 따라 우리의 미래가 달라지는 것이지요. '콩 심은 데 콩 나고 팥 심은 데 팥 난다'라는 속담이 바로 그걸 말해 주고 있잖아요.

15 개구리 올챙이 적 생각을 못한다

저녁 식사 시간이었어요. 아빠가 불쑥 차를 새로 사자고 말씀하시지 않겠어요. 엄마는 지금 있는 차도 7년밖에 안 되었는데 무슨 새 차냐고 말씀하셨지요. 아빠는 차가 너무 작아 친구들 만날 때 부끄럽다는 거예요. 엄마는 이렇게 말씀하셨어요.

"결혼할 때 돈이 없어 화장실도 없는 단칸방에 살면서 다짐했잖아요. 우리는 죽을 때까지 알뜰하게 살자고요. 간신히 집도 마련하고 살 만해지니 그 생각을 잊은 거예요?"

엄마의 말씀에 아빠는 멋쩍은 표정을 하셨어요.

"개구리 올챙이 적 생각을 못한다더니 내가 그런 꼴이 되었구려. 하하하!"

아빠의 말씀에 우리 모두는 기분 좋게 웃었어요.

잘 살게 되거나 편해지면 가난하고 어려웠던 시절을 쉽게 잊는다는 속담이에요. 도대체 개구리와 올챙이가 어떤 관계이기에 이런 속담이 생겼을까요?

자라면서 모양이 바뀐다

변신 로봇은 어린아이들이 가장 좋아하는 장난감 중에 하나예요. 변신 로봇은 자동차도 되고 비행기도 되고 우주 비행선도 되지요. 변신은 몸의 모양을 바꾼다는 뜻이에요. 그런데 동물 중에도 변신을 하는 것이 있어요. 물론 갑자기 호랑이 몸에 날개가 달리는 것은 아니에요. 하지만 어떤 동물은 태어날 때 없던 날개가 자라면서 생기기도 해요. 이것을 '변태'라고 하지요.

변태는 여러 동물에서 볼 수 있지만 가장 잘 알려진 것은 곤충의 변태예요. 곤충은 짝짓기를 하고 알을 낳아요. 그런데 알에서 깬 새끼는 어미의 모습과 전혀 달라요. 아마 곤충의 새끼를 보고 어미를 알아내기는 쉽지 않을 거예요. 콩 심은 데 콩 나고 팥 심은 데 팥 난다고 했는데 이게 어찌된 일일까요?

곤충의 변태에는 완전 변태와 불완전 변태가 있어요. 물론 변태를 하지 않는 곤충도 있지만 많은 곤충이 변태를 하지요. 먼저 나비를 예로 변태를 알아봐요.

나비가 낳은 알에서는 작은 애벌레가 꼼지락 거리며 나와요. 꾸물꾸물 기어 다니며 먹이를 먹고 자라던 애벌레는 때가 되면 꼼짝도 하지 않아요. 몸 색깔이 점점 짙어지며 단단해지는데 이것을 번데기라고 해요. 그리고 이 번데기의 껍질을 찢고 나비가 나오지요. 나비처럼 번데기의 시기를 거치는 변태를 완전 변태라고 해요.

잠자리는 물속에 알을 낳아요. 물속에서 알이 깨면 좀 흉측하게 생긴 애벌레가 나오지요. 잠자리 애벌레는 물속에서 작은 곤충이나 물고기의 체액을 빨아먹고 살아요. 그리고 때가 되면 물 밖으로 나오지요. 물 밖으로 나온 애벌레는 껍질을 벗고 잠자리로 모습을 바꿔요. 이렇게 나온 잠자리를 성충이라고 하지요. 잠자리처럼 번데기의 시

애벌레 껍질을 벗고 나온 잠자리.

기를 거치지 않는 변태를 불완전 변태라고 해요.

곤충의 애벌레는 성충과 너무 다르게 생겼어요. 그래서 애벌레를 다른 이름으로 부르기도 하지요. 예를 들어 파리의 애벌레는 구더기라고 불러요. 잠자리의 애벌레는 수채, 명주잠자리의 애벌레는 개미귀신, 매미의 애벌레는 굼벵이, 솔나방의 애벌레는 송충이, 쐐기나방의 애벌레는 쐐기, 누에나방의 애벌레는 누에, 모기의 애벌레는 장구벌레라고 하지요.

뒷다리가 쑤욱, 앞다리가 쑤욱

'개울가에~ 올챙이 한 마리~ 꼬물꼬물 헤엄치다~ 뒷다리가 쑤욱 ~ 앞다리가 쑤욱~ 팔딱팔딱 개구리 됐네.'

흔히 올챙이송이라고 불리는 노래예요. 이 노래처럼 물속에서 헤엄치며 살던 올챙이는 언젠가 개구리가 되어 땅 위로 올라가지요. 개구리도 변태를 하는 동물이에요.

개구리는 물과 아주 친해요. 다 커서도 물속에서 짝짓기를 하지요. 짝짓기가 끝난 암컷 개구리는 물가에 알을 낳아요. 개구리 알 하나는 동그랗지만 보통 여러 개가 붙어 있지요. 알에서 깬 개구리 새끼를 올챙이라고 해요. 그런데 올챙이는 물고기처럼 꼬리를 가지고 있어요. 올챙이는 이 꼬리로 노래처럼 꼬물꼬물 헤엄치며 다니지요.

이때만 하더라도 올챙이는 물고기와 같아요. 물고기처럼 허파 대신 아가미로 숨을 쉬거든요. 그러다 점점 커가면서 뒷다리가 먼저 나와요. 봄이면 연못에서 뒷다리가 나온 올챙이를 볼 수도 있을 거예요. 그다음으로 앞다리가 나오면서 꼬리도 점점 없어지지요. 물론 개구리가 될 때쯤이면 아가미가 사라지고 허파가 생겨요. 이제 올챙이는 뭍에서도 숨을 쉬며 살아갈 수 있는 개구리가 된 거예요.

올챙이와 개구리를 비교해 보세요. 개구리는 올챙이보다 크고 당당해요. 올챙이는 노래처럼 꼬물거리며 도망치기 급하지만, 개구리는 날쌔게 곤충을 잡아먹지요. 아마 이때쯤이면 개구리도 올챙이 시절을 다 잊어버렸을지 몰라요. 내가 언제 그 작은 올챙이였나 하는 생각을 하는 거죠. 속담처럼 말이에요.

개구리의 가장 큰 특징 하나는 촉촉한 피부예요. 물론 마른 땅에

 서 사는 개구리도 있지만 대부분의 개구리는 물가에서 살아요. 피부가 늘 촉촉해야 하거든요. 또 개구리의 발에는 물갈퀴가 있어요. 이 물갈퀴를 이용해 빠르게 헤엄칠 수 있지요. 개구리처럼 뭍과 물 양쪽에서 생활하는 동물을 양서류라고 해요. 양서란 물과 뭍의 양쪽에서 산다는 뜻이에요.

 바다에 사는 물고기와 같은 동물을 어류라고 해요. 어류는 가장 오래 전에 나타난 동물이지요. 과학자들은 양서류가 어류에서 진화했다고 생각해요. 물고기가 차츰 뭍의 생활에 익숙해지면서 양서류로 진화했다는 거지요. 어쩌면 알에서 깬 올챙이는 그 옛날에 살던 조상의 삶을 되풀이하는 것인지도 몰라요.

곤충이나 개구리의 새끼와 성체는 어째서 제각각 다른 곳에서 다른 모습으로 살아가는 것일까요? 곤충의 애벌레들은 물속이나 땅속에서 살아가요. 올챙이도 마찬가지지요. 물속이나 땅속에는 먹을 것이 많아요. 또 도망치기도 쉽지요. 물속에서 움직이는 게 더 쉽잖아요. 그뿐 아니라 어미와 먹을 것을 놓고 다투지 않아도 돼요. 변태는 동물이 살아가는 지혜의 하나인 셈이에요.

사람은 누구나 어렵고 힘든 시절이 있어요. 그런 과정을 거치면서 점점 책임감 있는 어른이 되는 거예요. 물속에서 꼬물거리며 살던 올챙이가 의젓한 개구리가 되는 것처럼 말이에요. 지금 편안한 것은 힘든 시절을 그만큼 잘 견뎠기 때문이지요. 하지만 그런 시절을 잊어버린다면 애써 노력한 결과가 물거품이 될지 몰라요. 언제나 지난 시절을 기억하며 더 나은 내일을 위해 노력해야 하는 거예요. '개구리 올챙이 적 생각을 못 한다'라는 속담은 그것을 일깨워 주는 셈이에요.

16 대낮의 올빼미

텔레비전에서 우리나라 과학이 위기라는 말을 들었어요. 아이들이 과학을 점점 멀리하기 때문이래요. 아빠는 아이들이 재미있게 읽을 수 있는 과학 책이 없어서 그렇다나요. 그때 엄마가 과학 책 한 권을 아빠 코앞에 흔들며 말씀하셨어요.

"《속담 속에 숨은 과학》이 얼마나 재미있고 유익한 과학 책인데요. 이런 책을 앞에 두고 좋은 과학 책이 없다니 당신은 대낮의 올빼미 같아요."

바로 앞에 놓인 사물을 제대로 알아보지 못할 때 흔히 '대낮의 올빼미'라고 말해요. 올빼미는 주로 밤에 활동을 많이 하는 새예요. 과연 올빼미는 낮에 아무것도 알아보지 못하는 것일까요?

올빼미는 귀로 사냥을 한다

우리가 흔히 말하는 올빼미는 사실 올빼미 무리에 속하는 여러 종류의 새들을 말해요. 올빼미 무리 중에는 머리 양쪽에 긴 깃털을 가진 것이 있어요. 마치 뿔처럼 보이기 때문에 이 깃털을 깃뿔이라고 하지요. 흔히 깃뿔을 가진 것을 부엉이라고 해요. 하지만 꼭 그런 것은 아니에요. 솔부엉이는 깃뿔이 없거든요.

올빼미는 주로 밤에 쥐 같은 작은 동물을 사냥하고 낮에는 나뭇가지에서 쉬지요. 밤에 활동하는 성향을 야행성이라고 해요. 올빼미는 대표적인 야행성 새예요. 올빼미가 사는 숲은 밤이 되면 아주 깜깜해요. 그래서 눈으로 물체를 보기가 어렵지요. 하지만 올빼미에게는 어둠이 오히려 기회예요. 아무리 작은 소리라도 들을 수 있는 예민한 귀

소리와 물체의 방향

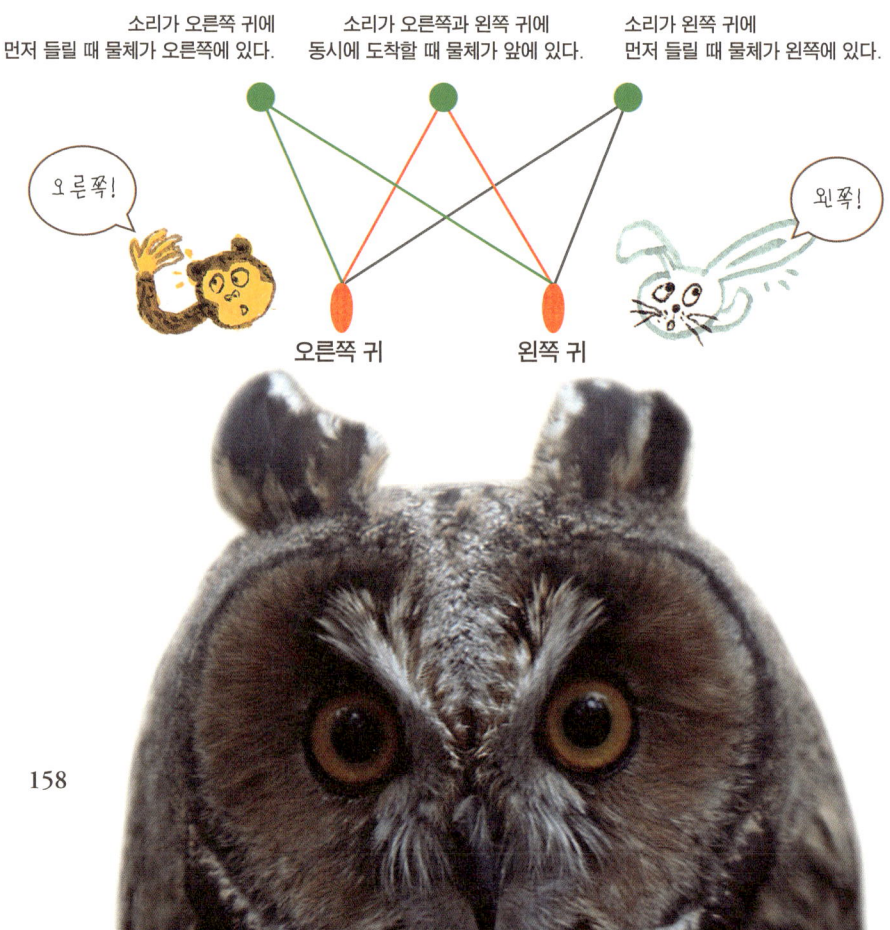

를 가지고 있거든요.

더구나 올빼미의 귀는 좌우가 비대칭이에요. 한쪽 귀가 다른 쪽 귀보다 약간 높은 곳에서 아래쪽을 향하고 있어요. 이 때문에 올빼미는 귀를 통해 물체의 위치를 정확하게 알 수 있다고 해요.

눈을 가리고 술래잡기 놀이를 해 본 적이 있나요? 술래가 눈을 가리고 있으면 주변에서 여러 사람이 손뼉을 치며 도망쳐요. 술래는 그 소리를 듣고 사람을 잡으러 다니지요. 술래가 한 사람을 잡으면 이번에는 잡힌 사람이 술래가 돼요. 술래가 소리를 듣고 사람을 잡을 수 있는 것은 귀가 두 개이기 때문이에요. 한곳에서 나온 소리가 왼쪽 귀와 오른쪽 귀에 도착하는 시간이 조금 다르거든요. 귀는 이 시간 차이를 느껴 방향을 알아내는 거예요.

올빼미가 물체의 위치를 알아내는 것도 이와 비슷해요. 올빼미의 귀는 예민할 뿐 아니라 좌우의 귀가 비대칭이기 때문에 물체의 위치를 우리보다 더욱 정확하게 알 수 있어요. 올빼미는 23m 거리에서 작은 동물이 부스럭거리는 소리를 들을 수 있다고 해요. 물론 그 위치도 정확히 알아낼 수 있지요.

 **올빼미는 눈도 아주 좋다**

두더지는 땅속에서 굴을 파고 다니며 살아요. 굴속에서 지렁이나 벌레를 잡아먹지요. 땅속은 어둡기 때문에 눈의 역할이 그만큼 줄어들어요. 그래서 두더지의 눈은 거의 앞을 볼 수 없대요. 그럼 밤에 활동하는 올빼미의 눈도 그럴까요? 그렇지 않아요.

올빼미의 특징 하나는 커다란 눈이에요. 눈이 크면 그만큼 빛을 많이 받아들일 수 있어요. 또 올빼미는 아주 적은 양의 빛도 민감하게 느낄 수 있어요. 그것은 망막에 빛을 느끼는 세포가 많기 때문이지요.

눈으로 들어온 빛을 느끼는 부분은 눈의 뒤쪽에 있는 망막이에요. 망막에는 빛을 느끼는 두 종류의 세포가 있지요. 색깔을 느끼는 원추세포와 밝기를 느끼는 간상세포예요. 올빼미의 망막에는 간상세포가 훨씬 많아요. 그래서 올빼미는 물체를 흑백으로 보지요. 그 대신 아주 적은 양의 빛도 잘 느낄 수 있어요. 올빼미는 사람이 간신히 느낄 수 있는 빛의 10분의 1정도밖에 안 되는 어두운 빛도 느낄 수 있다고 해요.

올빼미과는 세계적으로 약 130종이 있으며 보통 단독으로 생활한다. 우리나라에서는 10종 중 7종을 천연기념물로 지정하여 보호하고 있다.

　올빼미는 또한 아주 뛰어난 입체 시야를 가지고 있어요. 입체 시야란 물체의 거리나 크기를 알아내는 능력과 관계가 깊어요. 우리가 먼 거리와 가까운 거리를 구분할 수 있는 것도 입체 시야를 가지고 있기 때문이지요. 입체 시야도 눈이 두 개이고 앞을 향하기 때문에 생기는 능력이에요.
　올빼미의 눈에도 약점은 있어요. 올빼미의 눈알은 아주 크고 빡빡해요. 그래서 눈알을 굴릴 수 없지요. 눈알을 굴릴 수 없으면 이쪽저쪽을 살필 수 없겠지요? 하지만 올빼미는 이 약점도 쉽게 극복할 수 있어요. 목이 아주 부드럽기 때문이지요. 올빼미는 목을 270도까지 돌릴 수 있대요. 몸을 틀지 않고도 뒤쪽을 살필 수 있는 거예요.

올빼미는 밤의 상징

단군 신화에는 곰과 호랑이가 등장해요. 곰과 호랑이는 사람이 되려고 동굴 속에서 마늘과 쑥을 먹으며 100일을 지내지요. 곰은 끝까지 버텨서 어여쁜 여자가 되지만 호랑이는 참지 못하고 동굴을 뛰쳐나갔어요. 곰이 변한 여자의 이름은 웅녀였는데 웅녀는 하느님의 아들인 환웅과 잠자리를 갖고 단군을 낳았어요. 단군이 나라를 세우고 다스리니 그것이 우리나라의 시작이라는 거예요.

물론 곰이 사람으로 변할 수는 없어요. 옛날 사람들은 동물을 숭배했어요. 동물은 사람보다 힘이 셀 뿐 아니라 여러 가지 뛰어난 능력을 가졌기 때문이에요. 또 동물의 특징을 살펴 여러 가지 의미를 부여했지요. 곰은 힘이 세고 우직한 동물이라고 생각했어요. 호랑이는 온갖

짐승의 왕으로 용감하지만 참을성이 없다고 생각했지요.

동물의 상징은 나라마다 다르기도 해요. 우리나라에서는 여우가 교활하고 요사스럽다고 생각했지만, 서양에서는 꾀 많고 지혜롭다고 생각했어요. 이솝이야기에도 여우는 꾀보로 나오잖아요. 그럼 올빼미는 어떤 상징을 가지고 있었을까요?

그리스 신화에서는 올빼미가 지혜의 여신인 아테나의 전령으로 나와요. 흔히 볼 수 있는 부엉이 박사 캐릭터는 바로 그런 뜻에서 만들어진 거예요. 부엉이도 올빼미 무리거든요. 하지만 서양이나 동양에서 공통적으로 생각하는 올빼미의 상징은 어두운 밤이에요. 우리나라에서는 올빼미가 불안과 공포와 죽음을 상징하지요. 그것은 올빼미가 주로 밤에 활동하기 때문이에요.

올빼미는 낮에는 나뭇가지에 앉아 꾸벅꾸벅 졸다가 밤이 되면 어두운 숲을 날아다니며 사냥을 시작해요. 그러니 옛날 사람들이 올빼미가 낮에는 아무것도 볼 수 없을 거라고 생각한 것도 당연하지 않겠어요?

사람은 누구나 편견을 가지고 있어요. 편견이란 공정하지 못하고 한쪽으로 치우친 생각을 말해요. 올빼미가 낮에는 눈 뜬 장님이라고 생각한 것도 편견이에요. 편견은 사실을 잘 모르기 때문에 생기지요. 우리가 열심히 공부하는 것도 어쩌면 편견을 이겨내려는 노력인지도 몰라요. 그렇게 하지 않으면 정말 '대낮의 올빼미'가 될지 모르거든요.